Re:think;

포스트 코로나 시대의 영업팀,
리더 그리고 문화

세일즈 뉴노멀
Re:think;
**포스트 코로나 시대의 영업팀,
리더 그리고 문화**

초판 1쇄 발행 2021년 5월 27일
초판 2쇄 발행 2023년 1월 3일

지은이 장효상, 민승기
펴낸이 최익성
편집 최보문
마케팅 임동건, 신현아, 송준기, 임정혁
마케팅 지원 임주성, 홍국주
경영지원 이지원
펴낸곳 플랜비디자인
디자인 빅웨이브
출판등록 제 2016-000001호
주소 경시 화성시 동탄첨단산업1로 27 동탄IX타워
전화 031-8050-0508
팩스 02-2179-8994
이메일 planbdesigncompany@gmail.com

ISBN 979-11-89580-88-9

세일즈
뉴노멀

장효상, 민승기 지음

Re:think;

포스트 코로나 시대의 영업팀,
리더 그리고 문화

얼마 전 지인과 이야기를 하다가 재미있는 에피소드를 하나 들었다. 자신의 어린 조카가 어항 속 금붕어를 보고 있다가 금붕어를 클릭해서 옮기려고 했다는 것이다. 도대체 이 아이는 왜 그랬을까? 요즘 아이들은 태어났을 때부터 스마트폰이나 패드 등의 기기를 사용하면서 자라다 보니 아이의 관점에서 생각해 보면 어항 속 금붕어를 클릭하고 드래그하는 것이 어색한 행동이 아닌 것이다. 아이가 자연스럽게 경험한 것들이 그 아이의 세계관을 만드는데 결정적으로 작용한 것이다. 세계관은 세상을 바라보고 해석하는 방식이나 틀이다. 삐삐를 쓰던 세대의 세계관과 2G폰을 쓰던 세대의 세계관, 그리고 스마트폰과 태블릿을 자연스럽게 접한 세대의 세계관은 절대적으로 다를 수밖에 없다.

　세계 인류사에서 인류의 세계관에 결정적인 영향을 끼친 것이 바로 자동차의 등장이다. 자동차가 등장하기 전까지 인류에게 가장 효율적인 육상 운송수단은 마차였다. 하지만 마차 한 대에는 운송품을 제외하면 8일치 분량의 말 먹이 밖에 실을 수 없었기 때문에 돌아오는 거리를 생각하면 4일 이내의 거리만을 이동할 수 있었다. 거리적인 한계가 있었던 것이다. 1

이렇듯 제약이 많았던 마차는 1차 세계 대전 이후에 빠르게 자동차로 대체되었다. 중요한 것은 바로 이러한 변화가 세계관을 변화시킨다는 것이다. 마차를 타 본 사람과 자동차를 타 본 사람의 세계관은 다를 수밖에 없다. 마차를 위해 준비되어야 할 말 먹이는 자동차에서는 생각할 요소가 아니며(대신 연료를 고려해야 하지만), 또 이동 거리도 획기적으로 증가했기 때문에 사람의 세계관이 완전히 변하는 것이다.

실제로 마차의 세계관에서 살던 사람은 자신의 세상을 반경 30km 안쪽으로 두었다고 한다. 평생 이러한 세계관을 가진다고 생각해 보면, 가족이나 마을 사람들 이외에 새로운 사람을 만나거나 새로운 생각이나 경험을 하기도 어렵고, 평생의 반려자도 좁은 범위 안에서나 찾을 수 있게 된다. 하지만 자동차의 세계관에서는 그 범위가 300km 이상으로 확장되었다. 자동차는 단순히 인간의 행동반경을 넓혀 놓은 것뿐만 아니라 실물경제에도 큰 변화를 가져왔다. 가장 먼저 자동차의 대중화와 함께 도로망이 발달되면서 주거지가 시내에서 시외로 확장되었고, 이로 인해 교외의 부동산 가치가 상승했다. 물류 거리가 늘어남에 따라 물류 산업, 유통업도 덩달아 발전할 수 있게 되었다. 이 모든 것은 마차의 세

계관으로는 생각하기 어려운 것들이다. [2]

자동차 못지 않게 우리의 세계관을 뒤흔드는 결정적인 사건이 바로 전염병이다. 특히 전 세계적으로 엄청난 변화를 몰고 오는 팬데믹이 그러하다.

> **팬데믹** 세계 보건기구의 가이드에 따르면 세계적인 유행병으로, 유행성 인플루엔자 준비가이드 6단계 중 최고 수준의 전염병을 의미한다.

전 세계적인 전염병은 14세기 유럽 인구의 1/3을 몰살시킨 흑사병, 1918년 유럽 대륙에서 5천만 명의 사망자를 낸 스페인 독감, 1968년 100만 명의 사망자를 발생시킨 홍콩 독감 등 수백 년 동안 손에 꼽을 정도로 발병 확률이 낮다. 하지만 이런 전염병들은 인류의 생활을 크게 바꿔 놓는 계기가 되는데, 특히 흑사병은 정치, 문화, 경제, 사회, 종교 등 중세 유럽의 전 분야에 엄청난 영향을 미쳤다. 당시 중세 유럽 인구의 3분의 1에 해당하는 2,500만 명 가량이 사망하여 노동력이 부족해졌으며, 노동의 공급과 수요의 균형을 파괴시켜 농노의 지위 향상을 가져오게 되었다. 이는 곧 자본주의 탄생으로 이어졌다. 노르웨이 사회학자 요르겐 베네딕토우-Ole Jørgen Benedictow는 "흑사병으로 인한 농노의 지위 향상이 물품 구매와 같은 소비를 촉진시켜 자본주의를 야기했다."라고 주장한다. 이뿐만 아니다. 흑사병은 '교회 중심 사상'을 '인본 주의 사상'으로 돌리게 된 계기가 되었다. 많은 사람들의 "신이 우리를 병으로부터 구원할 것이다."라는 믿음이 무너졌기 때문이다. 이러한 영향으로 신학보다는 문학과 과학에 집중하는 르네상스 시기가 도래하게 된다. 전염병이 사회, 경제, 문화까지 모두 변화시킨 결정적 사건이 된 것이다. 이로 인해 중세 유럽뿐만 아니라, 전 인류의 역사 그리고 세계관이 변화하였다. [3]

코로나도 흑사병 못지 않게 전 인류에 영향을 끼친 전염병이 되고 있다. 즉, 21세기에 인류의 세계관을 바꿀 만한 사건이 발생한 것이다. 우리의 삶은 코로나 전과 후로 나뉜다고 할 수 있다. 말 그대로 뉴노멀의 시대가 도래하였다.

뉴노멀 이전에는 비정상적인 것으로 보였던 현상과 표준이 점차 아주 흔한 표준이 되어가고 있는 것을 의미한다.

코로나로 인해 우리의 일상은 크게 변화했다. 당장 각국의 교류와 해외 출장이나 여행 등의 출입국 제한, 업무 공간의 폐쇄 등이 이제는 너무나도 익숙한 현상이 되었다. 특히 오프라인을 기반으로 하던 여행, 유통, 교육, 실내체육 활동 등은 너무나도 큰 타격을 받았고 온라인 기반의 비즈니스는 가파르게 성장하였다. 기업의 일하는 방식도 비대면을 기반으로 급격하게 변화되어 보수적이었던 국내 대기업들도 재택근무가 이제는 너무나도 당연한 일상이 되었다. 또한 외부로 나가지 못하는 기간이 길어지면서 집은 이제 단순한 주거공간을 넘어 휴식과 여가, 문화를 즐기고, 업무도 수행하는 홈이코노미의 중심이 되었다. 코로나가 흑사병과 마찬가지로 사회, 경제, 문화의 전반을 바꿔 놓은 트리거Trigger가 된 것이다.

　마이크로소프트의 사티아 나델라Satya Nadella CEO는 "코로나 발병 2달 만에 2년이 걸렸어야 할 디지털 전환Digital Transformation을 다 이뤄냈다"고 말하기도 했다. 실제로 코로나발 생존 위협으로 인해 클라우드 전환이 가속화됐으며, 사용량이 이전 계획을 초과할 것으로 예상한 글로벌 기업은 59%, 클라우드 전환 계획을 세우는 기업은 61%에 달했다. 코로나로 분야별 디지털 전환 추세를 보면, 피트니스, 교육, 법원 등이 대표적이다. 디지털 피트니스를 이용하는 미국 이용자 수는 무려 30~35% 증가했다. 교육은 그룹 미팅 플랫폼으로 강의를 개설하고 토론했으며, 법원에서는 디지털 플랫폼을 이용해 절차를 진행했다. 그도 그럴 것이 코로나로 인해 이커머스는 10년의 변화를 8주만에, 텔레메디슨(원격진료)은 15일만에 10배로, 비디오 스트리밍은 5개월만에 7년치를, 원격 교육은 2주만에 2.5억회를 넘어서는 폭발적인 성장을 보였다. 4

　필자들이 이 책에서 이야기하고자 하는 세일즈 조직의 일하는 방식, 리더의 리더십, 문화 등도 뉴노멀 시대에 맞게 완전히 변하고 있다. 말그대로 새로운 '세일즈 뉴노멀' 시대를 맞이하고 있는 것이다. 대면보다 비대면으로 세일즈가 이뤄지고, 전시회나 콘퍼런스도 디지털 플랫폼을 통해서 진행되는 등 전통적인 영업 활동에 대 변화가 이루어지고 있는 상황에서 우리 세일즈 리더, 영업 팀, 그리고 그 구성원들은 어떻게 변화해야 하고 어떤 역량을 키워야 할까? 이 책은 필자들이 코로나19 발병 이후 경험한 현업의 다양한 사례를 통해 이러한 고민을 해결하고 독자들에게 도움을 드리고자 하는 목적으로 작성되었다. 이 책을 읽는 독자들에게 이 책이 '세일즈 뉴노멀' 시대에서 변화의 방향, 그리고 고려해야 할 포인트를 짚어보는 계기가 되고, 더불어 변화의 흐름 속에서 성공을 위한 초석이 되길 기원한다.

CONTENTS

3장
세일즈 뉴노멀 #3 '성과 관리의 변화'

6 장
세일즈 뉴노멀 #6 '변화를 위한 시작'

1장

세일즈 뉴노멀 #1
'코로나19가 불러온 변화'

전략적 변곡점의 시기, 세일즈는 어떻게 바뀌어야 하는가?

유럽 대륙에서 수많은 인명 피해를 낳은 이 재앙은 유럽의 어느 도시에서 시작되었다. 이 끔찍한 전염병은 남녀노소를 가리지 않고 무차별 공격했고, 전체 인구 대비 사망자 비율이 지난 2,000년간 있었던 자연재해나 인재, 역병들보다 높았다. 5년 만에 유럽 인구의 4분의 1 내지 3분의 1이 이 질병으로 죽음을 맞이했고, 시신들 대부분은 전염병 확산 방지를 위해 불에 태워지거나 구덩이에 한꺼번에 파묻혔다. 1

바로 1350년 무렵 유럽에서 유행한 흑사병의 이야기다. 흑사병은 수많은 사람들의 목숨을 앗아간 질병일 뿐만 아니라 세계사에도 엄청난 영향을 끼친 사건이었다. 흑사병으로 인해 인구가 줄고 경제가 어려워지자 유럽 사람들은 해외로 눈을 돌렸다. 자연스럽게 제국주의가 확산되면서 신대륙 발견과 함께 아메리카 대륙, 아시아, 아프리카 등에 대한 유럽 국가의 식민지배가 이뤄지기 시작했다. 흑사병이 세계사의 한 획을 그은 것이다.

2021년, 지금의 우리 역시 인지하지 못하고 있지만 인류사에 엄청난 영향을 끼칠 만한 역사적 사건의 한복판에 서 있는 것일지도 모른다. 코로나 19로 인해 전 세계 사망자 307만 명, 확진자 1억 4,400만 명(2021년 4월 23일 기준)에 이르고 있다. 과학의 발전으로 질병에 잘 대응했기에 이 정도 수치를 보이고 있는 것이지, 만약 코로나 19가 과거에 창궐했다면 흑사병 그 이상의 영향을 미쳤을 것이다.

우리의 삶은 코로나 이전과는 크게 달라졌다. 이제는 마스크를 쓰고 생활하는 것이 너무나 자연스러워졌다. 생활은 물론, 일터에도 많은 변화가 찾아왔다. 사무실에서 근무하는 대신 재택근무를 하고, 회의실에 모이기보다는 온라인 화상회의로 의견을 나누는 일이 일상이 됐다. 이제 오프라인에서 하던 일은 대부분 온라인 환경에서 진행하게 됐고, 온라인이 오프라인을 대체할 수 있다는 것을 알게 된 우리는 코로나가 종식되더라도 코로나 이전으로 돌아갈 수는 없을 것이다. 그런 의미에서 2021년은 우리에게 또 다른 변화의 한 해, 도전의 한 해가 될 것이다. 변화된 환경에 어떻게 적응하느냐에 따라 향후의 결과가 확연하게 달라질 수 있기 때문이다.

특히나 고객을 만나고 오프라인에서 다양한 기회를 만들어 내던 영업, 마케팅 직무의 종사자로서는 이러한 변화에 어떻게 대응해야 할지 더욱 고민이 많아지는 시기다. 새로운 변화 양상에 맞춰 그동안 일하던 방식을 변화시켜야 할지, 만약 그렇다면 어떤 식으로 변화시켜야 할지 말 그대로 전략적 변곡점에 놓인 것이다.

전략적 변곡점SIP: Strategic Inflection Point이란, 인텔의 CEO인 앤드류 그로브Andy Grove 회장이 처음 사용한 표현으로, 기업의 생존과 번영에 있어 근본적인 변화가 일어나는 특정 시기를 일컫는 말이다. 기업들은 전략적 변곡점의 시기에 어려운 의사결정을 내리고 그에 필요한 강력한 조치를 취하게 된다. [2]

▌ **전략적 변곡점(Strategic Inflection Point)의 시점**

포스트 코로나 시대에 더욱 중요해진 성과 관리와 세일즈 (Business)
→ **적극적인 세일즈 활동과 더불어 효율성과 성과를 극대화**하기 위한 고민과 노력이 필요한 시점임.

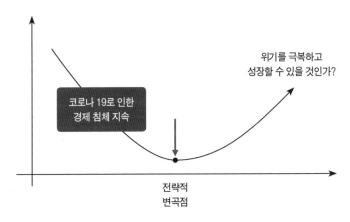

전략적 변곡점에서 어떻게 대응하느냐에 따라 포스트 코로나 시대, 변화의 소용돌이 속에서 살아남아 새로운 도약을 꿈꿀 수 있게 될 것이다. 그렇다면 전략적 변곡점 시대에 맞는 영업방법은 무엇일까? 사례를 통해서 살펴보자.

자영업자인 A사장은 코로나 시대에도 눈코 뜰 새 없이 바쁘다. 다들 어려운 이 시기에 A사장의 식당은 어떻게 잘 되는 걸까? 고급 다이닝 식당을 운영하던 A사장도 코로나가 발생한 초기에는 어려움을 겪었다. 생전 처음 겪는 2단계 사회적거리두기로 손님이 급감한 것도 치명적이었지만, 저녁에 장사가 잘 되는 다이닝 식당이 9시 이후로 영업을 못하게 되면서 매출이 곤두박질친 것이다. A사장도 처음엔 이 난국을 타개할 방법을 찾지 못했다. 고급 다이닝 식당이라서 고정적으로 들어가는 비용도 만만치 않은 데다, 고객이 외식을 꺼려 하는 상황에서는 예전만큼 매출을 끌어올리는 일이 쉽지 않았던 것이다.

고민 끝에 A사장이 생각한 방법은 다른 식당들과 마찬가지로 배달 시스템을 도입하는 것이었다. 배달에 적합한 식사류와 와인 등 새로운 메뉴를 개발하고 배달 시스템을 도입하니 이전 수준만큼은 아니지만 매출을 조금은 회복할 수 있었다. 그나마 대형 다이닝 식당 중에서는 빠르게 배달 시스템을 도입한 케이스였고, 기존 고객들도 테이크 아웃을 이용해 준 덕분에 어느 정도 버틸 수 있었지만 단순 배달만으로는 기존 매출 규모를 회복하기 어려웠다. 지속적인 적자에 A사장의 고민은 깊어만 갔다.

A사장은 여기서 한 단계 더 들어갔다. 조리한 음식을 배달하는 것도 좋지만, 고객이 직접 음식을 조리해 먹을 수 있다면 고객에게 더 큰 즐거움을 줄 수 있겠다 생각한 것이다. 이는 식당의 지향점과도 일치했고, 분명 추가적인 수익을 낼 것으로 보였다. 실제로 최근 몇 년간 HMRHome Meal Replacement: 가정식 대체식품 시장은 꾸준히 성장하고 있었고, 몇몇 호텔은 호텔 음식을 밀키트로 런칭해 큰 인기를 끌기도 했다. 이러한 변화를 지속적으로 모니터링하고 관심을 가져온 A사장은 이 방식을 활용해 볼 수 있겠다는 생각을 하고 바로 실행에 옮겼다. 그 결과, 코로나 시대에도 수익을 창

출해 나갈 수 있었다.

위 사례는 과테말라의 고급 다이닝 식당인 Sublime의 실제 사례를 한국의 상황에 맞게 각색한 내용이다. 코로나19로 인해 많은 산업에서 어려움을 겪고 있지만, 위 사례처럼 성공적으로 반등한 케이스도 있다는 것을 보여주고자 했다.

실제로 코로나 발생 이후 시장규모를 살펴보면, HMR 시장의 경우 4조 원, 간단하게 조리해서 식사를 하는 밀키트의 경우 1,000억 원대로 예측되고 있다(2020년 한국 시장 기준). [3] 이러한 시장의 변화에 따라 A사장의 전략은 다행히도 대성공을 거둘 수 있었다. A사장은 한 발짝 더 나가서 라이브 커머스와 유튜브 채널을 활용하여 실시간 조리법, 밀키트 공략법 등 다양한 콘텐츠를 제작하여 확실하게 피버팅Pivoting에 성공하였다. 여기서 피봇pivot의 사전적 의미는 '물건의 중심을 잡아주는 축'이라는 뜻으로, 주로 스포츠에서 사용하는 표현이다. 축구나 농구에서 한 쪽 다리는 땅에 붙여 축으로 고정하고, 다른 쪽 다리는 여러 방향으로 회전하며 다음 움직임을 준비하는 동작을 의미한다. 비즈니스에서의 피버팅은 '창업가가 사업을 진행하는 과정에서 상품이나 전략을 수정함으로써 사업을 전환한다'는 의미로 사용되는데, 이는 『린 스타트업Lean Startup』의 저자인 에릭 리스Eric Ries에 의해 널리 알려진 개념이다. [4]

A사장의 경우가 바로 피버팅에 성공한 사례라 할 수 있다. A사장은 가장 먼저 코로나 시대의 특성을 떠올리고 이를 사업에 적용했다. 고객

들이 집에 머무르는 시간이 길어지면서 가족과 있는 시간이 늘어났다는 점, 그로 인해 집에서 요리를 하는 경우가 많아졌다는 점 그리고 배달 음식이나 조리 음식에 질린 소비자의 니즈를 모두 읽어냈다. 그리고 이런 특성을 기반으로 기존에 시도하지 않았던 온라인 판매와 배달, 실시간 라이브 쿠킹 클래스 등을 진행함으로써 사업의 방향을 전환해 나간 것이다.

실제 우리 주변에서도 포스트 코로나 시대에 생존을 위해 오프라인 매장을 대폭 축소하고 배달전문점으로 전환하는 등의 피버팅으로 성공적인 대응을 하고 있는 사례를 살펴볼 수 있다. 코로나 시대이기에 모두가 어려운 것은 사실이다. 하지만 모두가 실패하는 것은 아니다. 그렇다면 무엇이 이들을 성공으로 이끌었는지 생각해보고 벤치마킹해 볼 필요가 있다.

당신은 변화를 인지하고 있는가?

핵심은 '변화를 인지하고 그에 적극적으로 대응했는가'이다. 앞의 사례에서 A사장이 익숙한 것만 고집하거나 급격하게 변화되고 있는 환경 속에서 고객의 니즈, 트렌드를 읽지 못했다면 아직까지도 어려움을 겪고 있을 게 뻔하다. 혹은 사업을 더 이어가지 못했을 수도 있다. 하지만 문제는 변화를 인지하는 것조차 쉽지 않다는 점이다. 사람들은 종종 자신이 변화에 잘 대응하고 있고, 또 그러한 변화를 잘 인지하고 있다고 생각한다. 하지만 우리는 실제로는 익숙하거나 관심있는 것에만 집중한 나머지 주변의 변화를 놓치는 경우가 많다. 사람들이 얼마나 변화에 둔한지 한 실험 결과를 통해서 살펴보자.

몇 해 전, 내셔널 지오그래픽에서 재미있는 실험을 하나 진행했다. 제작진은 붐비는 산책로에 몰래 카메라를 설치하고 배우들에게 연기를 하게 했다. 먼저 배우 A가 행인들에게 다음과 같이 길을 묻는다.

"실례합니다. 지하철역은 어디인가요? 아까부터 찾고 있는데 잘 모르겠네요."

그때, 대형 판자를 들고 가는 두 사람이 나타나 행인과 배우 사이를 가로질러 갔다. 그 사이에 전혀 다르게 생긴 배우 B가 나타나 배우 A를 대신했다. 놀랍게도 절반이 넘는 사람들이 사람이 바뀌었다는 것을 눈치채지 못했다. 제작진은 여기서 더 재미있는 실험을 진행했다. 과연 성별이 바뀌면 사람들이 인지할 수 있을까? 제작진은 질문하는 배우를 남자에서 여자로 교체했을 때에도 사람들이 눈치채지 못하는지 확인해 보기로 했다. 결과는 어땠을까? 사람들이 변화를 눈치챘을까? 질문을 하는 사람의 성별이 바뀌어도 사람들은 전혀 눈치를 채지 못했다. 5

이러한 현상을 '변화맹Change Blindness' 혹은 '무주의 맹시Inattentional Blindness'라고 한다. 변화가 발생했으나 변화를 인식하지 못하는 현상을 이르는 말이다. 6 1)

---

1) 변화맹(Change Blindness)과 무주의 맹시(Inattentional Blindness) 변화맹은 명백한 변화를 알아차리지 못하는 것이며, 무주의 맹시는 예상치 못한 변화를 알아 차리지 못하는 것을 의미하는 것이다. 둘 다 변화에 대해 인지하지 못하고 놓치는 것을 말한다.

사람들은 생각보다 변화에 둔감하다. 심지어 코로나19와 같은 극단적인 변화가 우리 삶을 변화시켰음에도 여전히 이전과 같은 방식으로 행동하거나 주변의 변화를 알아채지 못하는 경우가 많다. 비즈니스 환경에서도 마찬가지다. 일하는 방식, 고객, 산업이 변화했음에도 일부 조직 구성원들 중에는 인식의 변화가 변화의 속도를 따라가지 못하거나, 이전의 상태로 돌아갈 수 있을 것이라는 기대로 변화를 거부하는 '의도적 변화맹Intentional Blindness'을 가진 사람들도 상당수 존재한다. 7

의도적 변화맹, 무주의 맹시 현상은 사업을 담당하는 영업부서에서도 쉽게 찾아볼 수 있다. 영업 담당자들은 여전히 오프라인 중심의 영업활동, 전통적인 관계 중심의 영업활동이 중요하다고 인식하는 경향이 더 강하기 때문에 타 직무 담당자들에 비해 이러한 현상이 더 두드러지게 나타난다. 이 전략적 변곡점의 시점에서 한 번 생각해 볼 필요가 있다. '나는 혹시 이러한 변화맹을 겪고 있지 않은가?', '그렇지 않다면 전략적 변곡점의 시점에서 어떻게 대응해야 하나?'

다음의 사례를 통해서 우리가 어떻게 대응해야 하는지 살펴보자.

포스트 코로나 시대, 어느 영업사원의 대응 전략

사례 1 영업사원 A "달라지는 건 없어. 조용히 기다리자."

해외영업팀에서 근무하는 A과장은 '코로나 19' 사태가 터지기 전까지 자신이 담당하는 해외 지역의 전시회나 마케팅 행사 등의 운영을 위해 1년에 3/4 정도는 해외에서 지낼 정도로 바쁘게 영업활동을 해 왔다. A과장과 마찬가지로 해외영업팀의 팀원들은 각자 자신이 담당하는 지역에서 오랜 시간을 보내야 했기 때문에 한 자리에 모이기가 쉽지 않았다. 그러던 어느 날 코로나19가 세상의 모든 것을 바꾸어 버렸고, 오프라인 영업활동은 할 수도 없게 되었다. 처음에는 두어 달 후면 정상으로 돌아갈 수 있을 것이라 기대도 했고, 전시회나 오프라인 활동을 연기하고 이 사태가 끝나기를 기다렸다. 그러다 근 1년 가까이 시간이 흘렀고, 연기에 연기를 거듭하던 전시회나 각종 콘퍼런스는 급기야 취소되거나 온라인으로 전환되었다. 문제는 다가올 미래 상황이다. 백신이 전 세계에 확산되고 모두가 접종받기까지는 시간이 걸릴 것이고 더욱이 변종 바이러스까지 등장하기 시작했다. 하지만 A과장은 백신이 나온다고 하니 희망을 가지고 기다려 보기로 한다. 뭔가 새로운 걸 시도하기엔 리스크도 큰 데다 또 아직 자신이 담당하는 고객들은 새로운 변화를 요구하지도 않기 때문이다. A과장은 혼자 되뇌인다. "이럴 땐 그냥 몸 사리고 있어야지. 괜히 튀었다가는 찍히고 총대 메고 내가 다 해야 한다니까…"

사례 2 영업사원 B "변화엔 변화로 대응하자!"

A과장과 같은 팀에서 다른 지역을 담당하고 있는 B대리는 해외사업장에 방문해 조사와 분석을 진행하던 중 코로나19가 확산되었고, 불가피하게 진행 중이던 업무를 중단해야 했다. B대리에게는 코로나19로 변한 상황이 생소하긴 했지만 사실 업무상 큰 차이는 없었다. 어차피 해외대리점과의 영업활동은 대부분 비대면 방식Online 방식으로 진행되고 있었기 때문이다. 물론, 중요한 전시회나 콘퍼런스의 경우 1년에 한두 번 정도는 해당 딜러나 대리점을 방문해 체크하곤 했지만, 비용이나 효율 측면에서 문제가 되기 때문에 기본적으로는 비대면 방식을 차용하게 된 것이다. 그러다 보

니 평소에 PRMPartner Relationship Management 시스템의 활용에 관심을 많이 가지게 되었고, 몇 년 전부터는 이미 유튜브 등 SNS 채널을 개설하여 제품 홍보 콘텐츠도 열심히 제작하고 있었다. 코로나19가 세상을 잠식한 지금도 B대리는 변화가 지속될 거라는 확신을 가지고 새로운 시도나 방법을 찾아 도입하기 위해 고민하고 있다.

위의 두 사례에서 A과장은 변화를 인정하지 않거나 다소 소극적으로 대응하고 있고, B대리는 변화를 수용하고 적극적으로 대응하고 있다. 하지만 위 사례만을 가지고 누가 옳다고 할 수는 없다. 분명 A과장은 기존의 영업방식으로 성과를 내고 있었기 때문에 자신이 강점이 있는 분야에 집중하는 것이 맞을 수 있다. 다만 앞으로 다가올 변화의 흐름에 무디게 반응하는 변화맹에 처한 상황이라고 할 수 있다. 이제 영업 담당자들도 다가오고 있는 변화를 인정하고, 포스트 코로나 시대를 보다 적극적으로 준비할 필요가 있다. 다가오는 변화는 그들의 생존과도 깊은 관련이 있기 때문이다. 코로나 이후에는 단지 수행하는 업무의 형태를 변화시키는 수준을 넘어서 영업이 왜 존재해야 하는지 의구심을 가지게 만들 정도로 극적인 변화가 요구되고 있다. 즉, 코로나19의 백신이나 치료제가 나와서 이 암울한 상황이 나아질 수는 있어도 영업활동이 완벽하게 이전으로 돌아갈 수 없음을 인식해야만 한다.

코로나 19라서 다 어렵다고?
NO, 코로나 시대의 성공 공식

2020년, 코로나로 인해 많은 기업들이 어려움을 겪었다. 각국 경제 성장률은 영국 -11.2%, 프랑스 -9.1%, 독일 -5.5%, 일본 -5.3%, 미국 -3.7% 이었고 우리나라 또한 -1.1%로 유례없는 역신장을 전망하고 있다(2020년 12월 전망치 기준). 온라인 기반의 사업을 전개하는 일부 기업을 제외하고는 오프라인 기반의 여행, 유통, 공연사업, 외식 등의 산업은 전무후무한 어려움을 겪었고, 계속해서 위기를 극복해 나가고 있는 상황이다. 8

▌ OECD 상위 5개국 및 주요 회원국 20년 성장률 전망

순위	국가	성장률	순위	국가	성장률
1	한국	−1.1%	8	미국	−3.7%
2	노르웨이	−1.2%	19	일본	−5.3%
3	터키	−1.3%	21	독일	−5.5%
4	리투아니아	−2.0%	32	프랑스	−9.1%
5	아일랜드	−2.2%	36	영국	−11.2%

2020년 12월 기준

하지만 모두가 어려움을 겪고 있고 힘들어 하는 상황에서도 이러한 어려움을 극복하고 성장을 이어가고 성공을 만들어 가는 기업 혹은 사례도 있다. 그렇다면 성공의 원동력은 무엇이었을까? 그 성공 비결 속에서 코로나 시대라는 전략적 변곡점을 슬기롭게 헤쳐 나갈 힌트를 찾을 수 있을 것으로 보고, 눈여겨볼 몇 가지 케이스를 소개하고자 한다.

CASE STUDY [PEPSICO] 유통 채널의 다변화

코로나로 인해 전 세계가 큰 타격을 입었지만 그 중에서도 가장 큰 타격을 입은 국가는 미국이라고 할 수 있다. 미국 실업률은 2020년 3월 4.4%에서 4월 14.7%로 지난 1939년 통계를 집계하기 시작한 이래 가장 크게 증가했으며, 경제활동 둔화와 고용시장 위축으로 소비 심리도 크게 둔화되었다. 미국 내 확진자 수는 여전히 하루 20만 명 이상 발생하고

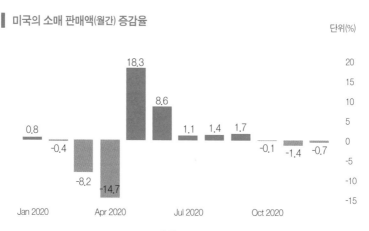

▌ **미국의 소매 판매액(월간) 증감율**

단위(%)

출처:TRADINGECONOMICS.COM | U.S. CENSUS BUREAU

있으며, 언제 정상화될지 오리무중인 상황이다. 미국 내 소매 판매액도 4월 14.7% 하락하면서 사상 최대 하락폭을 기록하였고, 셧다운이 지속됨에 따라 식품, 생필품 등을 제외하고는 대부분의 항목에서 역신장을 기록하고 있다. 9

PEPSICO 매출현황

손익계산서　　　　　　　　　　　　　　　　　　　　통화: 달러(단위 : 천)

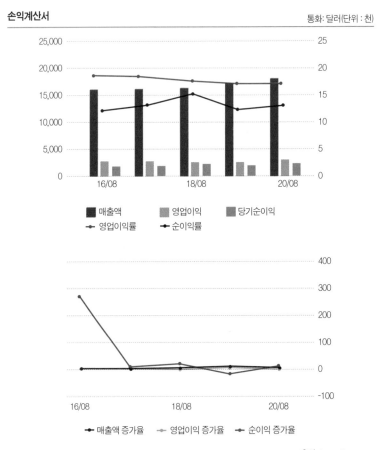

출처: Investing.com

이러한 상황에서 대부분의 유통사가 어려움을 겪고 있지만 펩시콜라로 유명한 PEPSICO의 대응은 눈여겨볼 필요가 있다. PEPSICO의 매출 현황을 보면 코로나 초기에는 다소 주춤하였지만 그후 빠르게 반등하여 20년 8월에는 전년 매출을 넘어선 상황이다.

PEPSICO는 어려운 환경 속에서도 빠르게 시장에 반응하여 위기를 기회로 만든 케이스라고 할 수 있다. 전통적으로 유통산업의 경우 보수적인 성향이 강하고 또 대리점, 유통 채널이 구축이 되어 있는 상황이라서 신속한 변화, 혁신이 어려운 산업적 특성을 가지고 있는데, 그러한 특성에도 불구하고 성공한 케이스가 바로 PEPSICO다. 일반적으로 미국 식

▌ PEPSICO의 일하는 방식 변화

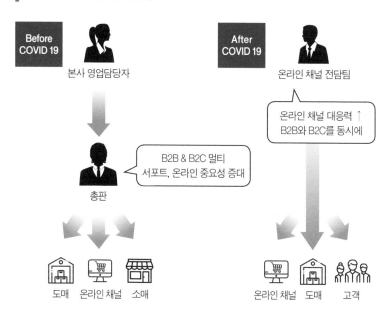

품 유통은 대부분이 B2B대리점을 통해서 이뤄지는데, PEPSICO는 코로나19로 인해 찾아온 위기를 극복하고자 D2C^{Direct to Customer} 채널을 개설하여 중간 유통 과정을 생략하고 물류, 고객 대응의 민첩성^{Agility}을 높였다. 특히 PEPSICO 브랜드 가운데 인기가 많은 제품군을 카테고리별로 세트화하여 스낵류, 아침식사, 운동 후 섭취하면 좋은 OO 등의 테마별 판매를 함으로써 위기를 기회로 바꿀 수 있었다.

또한 코로나19로 스낵의 수요가 급증함에 따라 PEPSICO의 자회사인 Snacks.com을 통해서 고객들이 보다 편리하게 스낵을 구매할 수 있도록 별도 채널을 구축하여 대응하였다. 물론 식료품의 판매가 증가한 것이 원인일 수 있지만, 원래 PEPSICO가 음료 위주의 회사임을 고려하면 이번 대응이 더욱 돋보인다. 코로나 위기 속에서 PEPSICO 대응의 핵심은 크게 2가지로 정리할 수 있다.

PEPSICO의 성공전략

1. 일하는 방식의 전환: 애자일Agile, 신속한 대응Getting things done quickly

PEPSICO는 뉴노멀 시대에 대응하기 위해 각 사업부에 위원회를 신설하고 2주마다 위원회를 개최하여 성과 리뷰 및 사업부의 리소스를 재활당하기 위한 논의를 진행하였다. 특히 시장의 변화를 모니터링하면서 고객이 의사결정에 적극 참여할 수 있도록 하였다. 애자일의 핵심인 고객 중심의 의사결정이 이뤄질 수 있도록 한 것이다. 이를 통해서 보다 빠른 시장 대응 및 피버팅이 가능하였다.

일반적으로 PEPSICO와 같은 대형 유통기업은 연초에 사업목표를 정하고 사업계획을 수정하여 변경하는 경우가 흔하지 않다는 점에서 이러한 의사결정의 변화가 더욱 돋보인다.

2. 신규 사업, 기회에 대한 과감한 투자

새로운 기회 즉, 위에서 언급한 채널의 개설, 신규 카테고리 신설 등에 과감하게 투자를 해서 시장 내에서 위치를 선점하기 위해서 노력했으며 동시에 비용 구조도 면밀히 분석하면서 지속적으로 의사결정을 해 나간 점이 뉴노멀 시대에 성과를 낼 수 있었던 비결이었다. 10 결국 이러한 과감한 투자와 새로운 시도가 팬데믹 상황 속에서도 경쟁사인 코카콜라보다 성공적인 시장 대응과 지배력을 가져왔다. PEPSICO의 경우 성장을 모색하는 데 보다 공격적인 전략을 취하고 있으며, 리스크 관리도 효율적으로 진행해 오고 있다. 팬데믹이 소매 채널의 디지털화와 함께 소비자의 달라진 소비패턴(음식점이 아닌 집에서 간단한 식사, 음료를 소비)을 불러온 상황에서 PEPSICO의 대응은 여전히 기존 채널과 음료 시장 카테고리에 의존하고 있는 코카콜라와 대조적이다.

코로나로 인해 2020년 큰 타격을 입은 업계 중 하나는 자동차 시장이었

다. 코로나로 생산과 물류가 막히면서 글로벌 공급망에 어려움을 겪었

고, 고관여 제품의 특징 때문에 고객들이 대리점에 방문하지 못하는 상황

에서 영업 또한 쉽지 않았기 때문이다. 특히 유럽 각국의 락다운^{Lockdown}

으로 내수 시장은 물론 글로벌 시장에서의 판매가 급감한 상황이었다.

이런 상황에서 Audi나 현대자동차 등 글로벌 완성차 판매 업체들은

▌글로벌 완성차시장 판매현황

출처: 현대자동차그룹 글로벌경영연구소(2021)
https://www.hankyung.com/car/article/202101123271g

온라인 영업으로의 전환을 시도했다. 기존에 대리점에 방문하여 오프라인상에서 차량 시승이나 구매 상담을 받던 프로세스를 온라인상으로 전환하였고, 시승 등의 경험을 제공하기 위해서 VR 기기를 활용한 디지털 라이브 컨설팅을 도입하였다. 오프라인에서만 가능했던 경험을 어디서나 경험할 수 있는 형태로 전환한 것이다. 오프라인에서 실제 차량에 탑승하거나 실물을 보면서 상담하던 것과 유사하게 온라인상에서는 세일즈 컨설턴트가 데이터Data 안경을 착용한 상태로 고객과 함께 차량을 보면서 설명하는 식이다. 고객에게는 성능, 엔진 사양, 차량의 추가 옵션 등에 대한 정보가 사전에 제공되기 때문에 소비자는 오히려 더 쉽고 편하게 정보를 획득할 수 있게 되는 것이다.

또한 아우디는 가상 테스트 드라이브Virtual Test Drive 서비스를 제공하고 있다. 차량 구매 단계에서 가장 중요한 차량에 대한 테스트와 경험을 간접적으로 제공하고 있는 것이다. 이를 통해 아우디는 차량은 고관여 제품이라 오프라인에서만 판매가 가능하다는 편견을 깨트려 버렸다. 여기에 온라인상으로 바로 차량을 구매할 수 있는 디지털 솔루션을 결합하여 온라인 판매를 점차 늘려가고 있다. 특히 중국 시장에서는 온라인 계약으로 2020년 1분기에 전년 대비 19% 증가한 1만 대의 판매 실적을 기록하기도 했다. [11]

아우디의 경우, 세일즈 프로세스와 판매방식을 전환하면서 전 세계 판매사원을 대상으로 한 교육도 디지털 방식으로 전환하였다. 기존에는 전문강사를 육성하여 각 법인이나 각국에서 자체적으로 교육을 진행했

▌ 판매사원과 고객의 디지털 컨설팅 장면

본 이미지는 이해를 돕기 위해 첨부된 이미지이며,
실제 이미지는 QR코드로 확인하실 수 있습니다.

출처: 아우디 공식 홈페이지 디지털 컨설팅 설명 영상

지만, 팬데믹 상황에는 본사에서 직접 온라인으로 라이브 클래스를 진행함으로써 보다 양질의 교육을 제공할 수 있었다.

현대자동차도 온라인 세일즈 전환에 적극적이다. 현대차의 경우 2020년 4월부터 미국과 인도 전역을 대상으로 온라인 판매 플랫폼인 'Click to Buy'를 런칭하였다. 현대차의 온라인 판매 플랫폼을 이용하면 견적부터 배송까지 차량 구매 프로세스를 아주 손쉽게 해결할 수 있다.

Audi와 현대차의 성공전략

1. 오프라인과 동일한 온라인 고객경험 제공

고객이 차량을 구매하면서 얻고자 하는 가치는 차량 그 자체가 아니라 차량을 운전하면서

얻는 경험이다. 앞서 살펴본 바와 같이 아우디와 현대차는 오프라인에서 고객이 가장 많이

체크하는 포인트를 버추얼 스페이스virtual space 상에서 경험하게 하고 또 판매사원이 직

접 실물에 탑승해 시연함으로써 오프라인에서와 같은 고객경험을 생생하게 전달할 수 있

었다. 아우디와 현대차 모두 고객이 오프라인에서 경험하고 느낄 수 있었던 가치를 온라인

상으로도 똑같이 느끼게 해준 것이다.

▍ 코로나 전후의 고객 구매 여정

코로나 이전에는 고객이 직접 대리점을 방문하고 판매사원을 만나서 제품을 경험해야 했

기 때문에 시간적, 공간적인 이슈가 발생하였으나, 이제는 VR로 상담, 시승도 가능하고 심

지어 물리적으로도 집에서 시승차를 받아서 타 볼 수 있게 되면서 온라인 세일즈가 가진

약점도 극복할 수 있게 되었다. 이러한 프로세스의 간소화, 고객 편의 증대 등의 장점으로 인해 온라인 세일즈는 코로나가 종식되더라도 새로운 구매 채널로 자리잡을 가능성이 높아지고 있다.

2. 디지털 컨설팅 & 온라인 세일즈로의 신속한 전환

아우디, 현대차 모두 각국의 셧다운 상황에서도 대리점 판매망의 신속한 온라인 전환을 통해서 어느 정도 매출을 유지할 수 있었다. 전통적으로 자동차 영업의 경우 대리점/딜러들의 판매 역량에 따라 세일즈 결과가 달라진다. 따라서 아무리 본사에서 전략을 잘 수립하고 판매를 하려고 해도, 각 대리점/딜러가 준비되어 있지 않다면 좋은 전략도 헛수고가 되고 만다. 두 회사 모두 본사의 디지털 전략이 현장까지 잘 전파될 수 있도록 빠르게 대응한 점은 성공의 핵심요인이라 할 수 있다.

3. 디지털 교육으로 역량 향상

특히 이러한 디지털 컨설팅 전환과 더불어 오프라인 판매 프로세스에 익숙한 판매인력이 온라인 채널에서도 판매가 가능하도록 디지털 교육 등을 강화한 점도 눈여겨봐야 한다. 단순히 시스템에 대해서만 디지털 트랜스포메이션을 진행한 것이 아니라 운영인력에 대한 지원도 병행한 점이 성공포인트로 작용하였기 때문이다. 무엇보다 기존에는 판매 혹은 서비스 전문 강사를 별도로 육성하여 각 국가별로 별도의 교육이 이뤄졌다면, 코로나 시대에는 중간 단계를 줄이고 본사 주도의 라이브 클래스, 온라인 교육 등을 늘려 나감으로써 전문성과 비용, 확산 등의 측면에서 혁신을 할 수 있었다.

CASE STUDY [BTS, 마이리얼트립] 디지털 피버팅

2020년 코로나 바이러스 창궐 이래 가장 어려움을 겪고 있는 산업 중 하나가 공연, 예술 산업이다. 대규모 관중이 모여야 하는 산업의 특성상 코로나를 피할 길이 없기 때문이다. 로스앤젤레스 타임스에 따르면 공연 산업 전반에 걸쳐 9billion $(2020년 기준)의 손실을 예측하고 있다. 로스앤젤레스 타임스는 이런 손실의 이유가 대부분의 공연 예술 업체가 소극적 대응-Wait and see mode을 했기 때문이라고 전했는데 이러한 상황 속에서도 남다른 성공을 거둔 케이스가 있었다.

바로 BTS와 미국의 래퍼 트래비스 스캇Travis Scott이다. 두 가수는 포트나이트 게임에서 일종의 가상 현실 세계인 메타버스를 활용하여 전 세계 게임 유저들을 대상으로 온라인 콘서트 및 뮤직비디오 쇼케이스를 진행하였다. BTS는 Dynamite의 뮤직비디오를 최초 공개하는 등 적극적으로 가상 세계, 온라인 콘서트 등에 대응하였고, 2020년 한 해에만 빌

BTS의 포트나이트 뮤직비디오
최초 공개 모습

트래비스 스캇의 포트나이트
콘서트 장면

출처: https://www.youtube.com/watch?v=BzrwFm-0bdc
출처: https://www.youtube.com/watch?v=wYeFAIVC8qU

보드 차트 1위에 3곡을 올리는 등 엄청난 기록을 세웠다. 트래비스 스캇도 포트나이트에 아바타를 만들어 공연함으로써 무려 200억 원의 수익을 얻을 수 있었다.

물론 음악이라는 특성도 있었고, 원래 팬층이 두터웠기 때문에 단순히 대응을 잘해서 성공을 거뒀다고만은 할 수 없을 것이다. 하지만 두 가수 모두 변화된 상황에 빠르게 대응하면서 새로운 기회를 만들 수 있었다.

또 하나의 비슷한 케이스가 바로 여행 산업의 스타트업인 마이리얼트립이다. 코로나로 인해 글로벌 여행이 불가능한 상황에서 발빠르게 대응하여 여행에 목마른 소비자들에게 새로운 가치를 부여한 것이다. 여행업 또한 공연 산업과 마찬가지로 2020년은 정말 최악의 한 해였다. 그러나 마이리얼트립은 이 상황을 역으로 활용했다. 기존에 오프라인에서 진행되던 세계 각국의 시티 투어를 라이브 스트리밍으로 진행하여 새로운 시장을 만들어 낸 것이다.

▌라이브 스트리밍 투어

출처: https://news.joins.com/article/23837833

마이리얼트립은 가이드들이 해외 여행지에서 실시간으로 시티 투어를 중계하는 현지 라이브 랜선 투어 서비스를 제공하고 있다. 해외에 거주 중인 전문 가이드들이 여행지와 도시의 명소를 직접 찾아가서 랜선 투어를 통해 현지 풍경을 보여주고, 투어에 참여한 소비자들과 실시간으로 소통하는 온라인 여행 서비스인 것이다.

BTS, 트래비스 스캇, 마이리얼트립의 성공전략

1. 선제적 대응

로스앤젤레스 타임스에서 언급한 대로 대부분의 공연 예술 업체 혹은 가수들이 소극적 대응Wait and See 전략을 취한 것과는 달리 BTS와 트래비스 스캇은 그동안 한 번도 시도하지 않은 방법들을 적극적으로 받아들였다. 메타버스로 공연을 진행하는 것은 트렌드를 선도한다는 점에서 팬들에게 좋은 반응을 이끌어 내기 좋은 소재이며, 또 실패를 한다고 해도 당장 오프라인 공연이 제한적인 상황에서 나쁘지 않은 선택이었다.

> **메타버스** 현실세계를 의미하는 'Universe(유니버스)'와 '가공, 추상'을 의미하는 'Meta메타'의 합성어로 3차원 가상세계를 뜻한다. 메타버스 세계는 그동안 가상현실Virtual Reality이라는 말로 표현되었는데, 현재는 진보된 개념의 용어로서 메타버스라는 단어가 주로 사용된다.

2. 소비자의 니즈에 집중

코로나 상황에서 소비자들은 재택근무, 셧다운의 이유로 집에서 생활하는 시간이 늘어났으며, 동시에 집에서 할 수 있는 액티비티에 대한 니즈가 계속적으로 늘어나는 상황이었다. 이러한 상황에서 새로운 볼 거리, 놀 거리를 찾는 고객의 니즈는 당연히 높아질 수밖에 없다. 2020년 한 해, 넷플릭스 등 OTT 서비스가 눈에 띄게 성장한 것만 봐도 소비자들의 바뀐 소비 패턴을 더 명확하게 알 수 있다. 이러한 소비자의 불만, 욕구를 적절하게 해소할 수 있는 새로운 형태의 공연, 가상공간Virtual Space에서의 콘서트 등은 소비자의 니즈를 충족시키기에 충분했다. 이처럼 급변한 소비자의 소비 패턴에도 불구하고 성공을 만들어 낸 기업들의 사례를 살펴보면 공통점을 발견할 수 있다.

첫 번째 성공 포인트는 코로나로 인한 변화의 양상을 잘 파악한 점이다. 2020년 초반까지 만 해도 코로나가 이렇게 장기화될 거라곤 누구도 예측하지 못했다. 하지만 위 사례 속 기 업들은 고객의 변화, 트렌드의 변화, 일상의 변화 등에 대한 흐름을 제대로 파악한 점이 다 른 기업들보다는 코로나라는 어려움을 잘 이겨낼 수 있었던 원동력이 될 수 있었다.

두 번째 성공 포인트는 선제적인 대응이다. 앞서 언급된 기업들은 모두 선제적인 대응, 애 자일한 접근이 돋보였다. PEPSICO의 경우, 유통 기업임에도 불구하고 위기에 대응하기 위해 2주 단위로 자신들의 목표나 계획을 점검하고 이를 수정해 나가며 대응했다. 이는 IT 기업의 애자일 방법론을 차용한 것으로, 이를 통해 시장 상황에 빠르게 대응한 점은 다른 기업들에게도 시사하는 바가 크다.

마지막으로 소비자의 숨겨진 니즈를 충족시킨 점을 꼽을 수 있다. 코로나, 뉴노멀 시대라 고 해서 고객이 소비를 하지 않거나 니즈가 사라지는 것은 아니다. 중요한 것은 이 상황에 서 소비자가 원하는 것, 팬들이 원하는 것이 무엇인지를 파악하는 것이다. BTS가 가상환 경에서라도 가수와 소통하고 싶어한 소비자의 니즈를 알고 이를 충족시킨 덕분에 성공할 수 있었던 것처럼 지금 이 상황에서는 소비자의 니즈와 불편사항을 더 집중해서 들여다볼 수 있어야 한다.

지금, 인식의 전환이 필요하다

그렇다. 이제는 새로운 변화에 적절하게 대응하지 못하고 도태된다면 생존 자체가 위협을 받게 된 상황이다. 앞서 성공 케이스처럼 새로운 변화와 트렌드에 맞춰서 끊임없이 변화하려는 노력이 필요하다. 위기가 곧 기회라는 말이 있듯이 시대의 흐름에 적극적으로 대응하고 변화한다면 분명 더 많은 기회를 찾을 수 있을 것이다.

그럼 가장 먼저 무엇을 해야 할까? 우리에게 가장 먼저 필요한 것은 인식의 변화, 관점의 변화다. 변화맹 케이스에서 살펴봤듯이 사람들은 생각보다 작은 변화, 내 주변의 고객이나 경쟁사의 변화를 잘 인지하지 못하는 경우가 많다. 나는 잘 알고 있다고 생각하지만 세상은 더욱 빠르게 변하고 있기 때문이다. 이러한 변화맹에서 벗어나기 위해서는 내 위주의 사고, 편협한 사고에서 벗어나 상대의 관점, 고객의 관점으로의 전환이 필요하다.

관점의 전환이라고 해서 대단히 거창하고 어려운 것이 아니다. 몇 해 전 SNS 상에서 인기를 끌었던 영상이 하나 있다. 시각 장애인이 길거리에서 지나가는 행인들에게 도움을 요청하고 돈을 받고 있었는데 어떤 여성이 다가와 시각 장애인이 적어 놓은 푯말에 무언가 적기 시작했다. 시각 장애인은 그 여성이 정확하게 무엇을 하는지 알 수 없었다. 그런데 여성이 푯말의 글을 수정한 후에 도움의 손길이 부쩍 많아졌다. 사람들이 더 많은 돈을 주고간 것이다.

몇 시간 후 그 여성이 다가왔다. 시각 장애인은 궁금해서 물어봤다.

"당신, 도대체 무슨 말을 적었죠?"

그러자 여성이 대답했다.

"저는 같은 말을 적었어요. 단지 다른 말로 표현했을 뿐이죠."

이전에 적었던 문장은 다음과 같았다.

"저는 맹인입니다. 도와주세요." 여성은 이 문장을 다음과 같이 바꾸었다.

"눈부시게 아름다운 날이네요. 하지만 전 그걸 볼 수가 없네요."

시각 장애인은 내 위주로 생각하고 적은 것이고, 여성은 보는 사람의 입장에서 생각하고 글을 적은 것이다. 이처럼 상대의 관점에서 생각을 시작하는 것이 바로 관점의 전환이다.

최근 태권도 규칙이 다이내믹하게 변경되었는데 이 또한 관점을 전환한 대표적인 케이스다. 기존에 태권도는 점수를 내기가 어렵고 또 어렵게 점수를 내더라도 선수들이 점수를 지키려고 하다 보니 공격에 소극적인 경향이 있었다. 이는 보는 사람으로 하여금 지루함을 느끼게 했고, 그로 인해 아시안 게임 종목에서 태권도가 제외되는 수모를 겪기도 했다. 또한, 이러한 소극적인 게임 진행 방식과 일반인이 이해하기 힘든 승자 결정방식으로 올림픽에서도 퇴출될 뻔한 것을 가까스로 면하기도 했다. 실제로 태권도 경기를 보면, 선수들이 똑같은 기술, 돌려차기를 반복하고 점수가 나면 재빨리 뒤로 빠져나가면서 게임이 루즈해지는 경우가 대부분이다. 이렇게 진행되던 태권도 경기가 2020년부터 대폭 변경되었다. 공격에 성공한 사람이 점수를 얻고 지키는 방식이 아니라 마치 게임 '스트리트파이터'처럼 공격에 성공하면 상대 게이지가 줄어들어 게임이 종료되는 방식이다. 상대의 게이지를 없애야 게임이 종료되기 때문에 선수들은 보다 적극적으로 공격에 임하게 된다는 장점이 있고, 관객들은 선수들의 게이지를 실시간으로 확인할 수 있어 누가 공격에 성공했는지, 경기가 어떻게 흘러가고 있는지 따라가기가 쉬워진 것이다.

게다가 공격의 강도, 부위, 기술에 따라 게이지가 다르게 줄어들어 관중들은 마치 게임처럼 다양한 기술을 지켜볼 수 있게 되었다. 또 소극적으로 게임에 임하는 선수는 20초의 패널티를 받게 되어 이 시간동안 공격당할 시 게이지가 추가로 감소하게 된다. 기존의 경기가 선수와 경기를 진행하는 사람의 입장에서 진행됐다면 이제는 보는 사람 입장에서 진행되는 것이다. 철저하게 경기를 지켜보는 관중들을 고려하여 재미있

▎ 플레이어 중심의 태권도

▎ 관객 중심의 태권도

출처: 격투 게임 실사판 찍어버린 요즘 태권도 경기 근황(feat. 철권), 스브스뉴스, 2020. 1. 24

고 다이내믹한 경기로 탈바꿈한 것이다.

　이처럼 관점을 전환한다는 것은 생각보다 간단하다. 코로나 시대, 이 전략적 변곡점에서 도약하기 위해 가장 먼저 필요한 것은 상대 혹은 고객의 관점에서 생각하고 변화를 찾는 것이다. 그럼 다음 장에서는 이 코로나 시대에서 실제로 변화된 영업, 사업의 모습과 그 안에서 어떻게 변화해야 하는지 구체적으로 살펴보도록 하자.

2장

세일즈 뉴노멀 #2
'일하는 방식의 변화'

뉴노멀 시대, 세일즈 조직의
일하는 방식은 어떻게 달라져야 하는가?

"The fear that we have, the anxiety that we have, that's not just going to go

away. When do we get back to normal? I don't think we get back to normal. I

think we get back, or we get to a new normal. Right? Like we're seeing in so

many facets of society right now. So we will be at a different place."

(우리가 가진 공포, 우리가 가진 불안은 쉽게 사라지지 않을 것이다. 우린 언제 일

상으로 돌아갈 수 있을까? 난 우리가 일상으로 돌아갈 수 없다고 생각한다. 나는

우리가 새로운 일상(New normal)을 맞이하게 될 거라 생각한다. 마치 우리가 지금

경험하고 있는 것처럼, 우리는 전혀 다른 곳으로 돌아가게 될 것이다.)

코로나19 대유행 이후 미국에서 인기가 높아진 앤드루 쿠오모Andrew
Cuomo 미국 뉴욕 주지사가 정례 브리핑에서 한 말이다. 쿠오모 주지사
의 말대로 코로나19가 언젠가 종식된다고 해도 우리는 코로나19 이전
의 세상으로 회귀할 수는 없을 것이다. 이 말인즉슨 새로운 일상에 빠

르게 적응하는 사람과 조직만이 변화의 소용돌이에서 살아남을 수 있다는 의미다.

그럼, 코로나19로 인한 변화들을 살펴보자. 개인의 경우, 일상의 모습이 많이 바뀌었다. 재택근무가 일상화됐고, 언택트 트렌드로 인해 온라인 소비가 폭증했으며 온라인을 활용한 교육 수요도 크게 늘었다. 모임과 만남이 줄면서 자연스럽게 혼자 할 수 있는 취미 활동도 인기를 끌기 시작했다. 변화는 단순히 개인 영역에만 국한되지 않는다. 기업 입장에서도 코로나19는 많은 부분에서 변화를 불러일으키고 있다. 가장 큰 고민은 생산성에 대한 고민이다. 재택근무로 회사가 아닌 집에서 일을 하다 보니 어쩔 수 없이 업무 효율이 떨어지는 문제가 발생한다. 리더들은 리더들대로 직원들이 일을 열심히 하는지 감시하고 통제할 방법이 사라져 불안해졌다. 직원들의 경우, 일과 삶의 경계가 무너지는 것도 문제다. 이런 상황에서 기업은 어떻게 하면 변화된 상황에 맞게 일하는 방식을 바꿀 수 있을지 고민이다. 영업부서는 영업부서대로, 인사부서는 인사부서대로 기존과 다른 방식으로 성과를 내기 위한 고민이 깊어지고 있다.

그럼 포스트 코로나 시대, 영업의 모습은 어떻게 변할까? 실제 케이스를 기반으로 살펴보자.

CASE STORY 1   코로나로 인해 위기에 처한 영업사원

*Story구성은 실제 현장 기업 사례를 토대로 하되, 일부 세부 내용/정보를 각색한 것

국내 메디컬 장비 제조사인 A사의 K과장은 2020년 코로나19 이후 영업에 어려움을 겪고 있다. 코로나19 이전만 해도 K과장은 전 세계를 누비며 해외 전시회 및 콘퍼런스참석, 해외 딜러사 방문 미팅, 장비 데모 시연 등으로 바쁜 시간을 보냈다. 특히 장비 자체에 대한 지식이 뛰어났던 K과장은 직접 고객사를 방문해 간단한 기술적인 문제들을 해결해 주기도 하는 등 이른바 '대면 영업'에 특화된 인재였다. 고객사들 역시 K과장을 믿고 장기간에 걸친 거래를 했기 때문에 미주지역을 중심으로 한 K과장의 네트워크는 업계 최고 수준이었다.

그러나 코로나19가 발생하면서 K과장의 영업 방식이 한계에 부딪쳤다. 일단 해외 전시회가 전면 취소됐고 해외 출장도 제한됐다. 기존 고객사를 챙길 수 있는 방법이 사라졌고 신규 고객 창출은 꿈도 못 꾸는 상황이 됐다. 콘퍼런스나 장비 시연회 등을 해야 새로운 고객들의 문의도 받고 네트워크도 형성하는데 코로나로 인해 이런 기회가 모두 차단돼 버린 것이다. 대신 모든 콘퍼런스가 온라인으로 대체되다 보니 과거에는 하지 않았던 동영상 촬영 장비를 다루는 일부터 라이브 클래스를 운영하는 등 새로운 역량이 요구됐다. 온라인으로 어렵게 고객과 콘퍼런스콜을 진행한다 해도 아무래도 오프라인과 같은 치밀함을 보여주기 어려웠고 오히려 시스템 문제 등으로 사소한 실수가 발생해 이미지만 깎아 먹는 일도 잦았다. 더군다나 금방 지나갈 줄 알았던 코로나19가 장기간 기승을 부리면서 이래저래 어려움이 가중되고 있는 상황이었다.

K과장은 늦어도 2020년 하반기에는 코로나가 종식되면서 자신이 가진 장점을 다시

발휘할 수 있을 거라 생각하고, 화상회의 툴의 사용이라든가 온라인 전시회 활동을 그렇게 신경쓰지 않고 있었기 때문에 상황은 점점 더 나빠져만 갔다.

K과장도 K과장이지만 그의 상사인 J 영업팀장의 경우 코로나 이후 스트레스가 심해져 불면증까지 호소할 정도다. 매출 하락은 차치하고 고객사 관리가 제대로 이뤄지지 못하다 보니 경쟁사와의 경쟁도 심해져 스트레스가 가중된 것이다. 여기에 영업 조직은 단기간의 성과에 영향을 많이 받고, 그에 따라 조직의 사기도 좌지우지되기 마련인데 전반적으로 분위기가 침체된 상태다. 외부에서 고객을 만나는 데 익숙한 영업사원들이 밖에 나가지 못해 불안해하고 답답해하는 모습을 보고 있자니 조직 운영에 대한 고민도 깊어졌다. 더욱이 코로나가 종식된다고 해도 당분간 오프라인 영업이 완벽하게 정상화되기까지는 시간이 더 소요될 거라는 예상이 곳곳에서 들려오고 있다. 이래저래 업무 방식의 변화가 필요한 시점이다.

위 상황은 코로나 이후 실제 기업의 영업조직에서 일어나고 있는 일이다. 글로벌 제약사 영업조직과의 인터뷰 결과, 실제로 영업은 언택트 형태인 콘퍼런스콜 등으로, 제품 데모 시연과 콘퍼런스 등은 웨비나(웹세미나) 등으로 점차 대체되고 있는 추세라고 한다. 이 과정에서 앞서 언급한 바와 같이 영업사원들의 역할과 필요한 역량, 그리고 고객 접근 전략 또한 변화하고 있었다. 글로벌 전자회사, 글로벌 완성차 제조사의 경우도 오프라인 매장 셧다운에 따라 온라인 세일즈를 강화하기 위한 제품 교육 콘텐츠 제작, 온라인 세일즈 컨설팅 활동에 집중하고 있는 상황이다. [1]

변화 1: 오프라인에서 디지털로의 전환

글로벌 컨설팅 업체 맥킨지가 전세계 B2B 세일즈 의사결정권자 3,600명을 대상으로 진행한 설문조사에 따르면, 코로나19 이후 기업 경영에서 나타나는 핵심 변화는 크게 3가지로 요약해 볼 수 있다. 첫째, 예산의 감소다. 전반적으로 사업이 어려워지기 때문에 코로나 이전과 비교해 상대적으로 비용을 줄인다는 것이다. 둘째, 채널과 일하는 방식의 디지털 전환이다. 디지털로의 전환은 코로나19 이전부터 진행돼 왔으나 코로나19가 변화 속도를 가속화하면서 이제는 거스를 수 없는 흐름이 되었다. 셋째, 리모트 셀링Remote selling이다. 다른 기능 조직과 마찬가지로 세일즈 조직도 재택근무, 사회적 거리 두기의 영향으로 고객을 만나지 못하는 경우가 늘어나다 보니 당연히 '리모트 셀링'의 중요성은 더욱 대두되고 있다.

설문결과에 따르면 코로나19 이후의 영업활동과 관련하여 B2B 기업의 리더들은 전통적인 오프라인 중심의 접촉보다 디지털 채널에서의 영업활동과 상호작용이 고객에게 2배 가량 더 중요하다고 생각하고 있다고 한다.

또한 국가별로 차이가 있지만 이미 판매를 위한 영업채널의 약 90 %가 화상 회의Video Conference, 전화, 웹 판매 모델로 이동했다. 전 세계에서 가장 대응을 잘 하고 있는 우리나라의 경우도 약 60% 가량이 완전 비대면 혹은 부분적 비대면 영업을 진행하고 있는 상황이다. 물론 일부 회의론이 남아 있지만 응답자의 절반 이상은 이러한 리모트 셀링이 코로나

■ 전통적인 오프라인 중심 영업활동　■ 디지털 기반 영업활동

코로나 바이러스 이전에는 어떤 영업활동이
고객들에게 더 중요했다고 생각하시나요?
(%, 응답률)

코로나 바이러스 창궐 이후에는 어떤 영업활동
이 고객들에게 더 중요해졌다고 생각하시나요?
(%, 응답률)

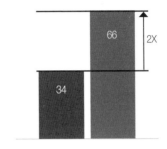

출처: McKinsey B2B Decision Maker Pulse Survey, April 7, 2020

코로나로 인해 세일즈 모델을 어떻게 변경하고 계신가요?(%, 응답률)

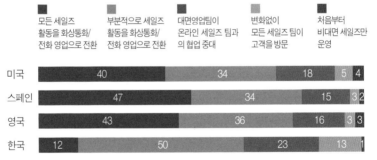

출처: McKinsey B2B Decision Maker Pulse Survey, April 7, 2020

이전의 영업방식과 비교해 동일한 수준 혹은 더 나은 효과를 가져올 것
이라 응답한 것이다. 2

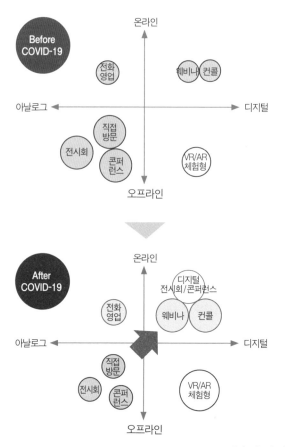

* 원의 크기는 빈도와 중요성을 의미

  그림에서 확인할 수 있듯이 코로나 이전에는 직접 방문 세일즈, 전시
회, 콘퍼런스 등의 오프라인 채널이 고객 접촉 빈도면에서 가장 중요한
부분을 차지했다. 반면, 포스트 코로나 시대에는 직접 방문, 전시회, 콘
퍼런스와 같은 대면 세일즈보다는 웨비나, 홈페이지, SNS 등 온라인 채

널을 통한 고객 팔로우업이 더욱 중요해질 전망이다. 과거에 중요한 의사결정이 전시회나 영업사원과의 대면 미팅 등을 걸쳐서 오프라인상에서 이뤄졌다면, 포스트 코로나 시대에는 영업사원이 디지털 채널에서 고객 문의를 접수하고 온라인상으로 바로 고객의 니즈를 파악한 다음 솔루션을 제안하는 온라인 영업이 중요해지게 되는 것이다. 앞으로는 변화가 더욱 가속화되어 B2C 채널과 마찬가지로 홈페이지, 블로그, 유튜브 채널 등을 통한 정보 획득이 더욱 중요해질 것이다. 영업사원은 고객이 이러한 채널에서 정보를 효과적으로 획득하고 문의할 수 있도록 마케팅부서와 더욱 긴밀히 협조해야 한다. UXUser Experience: 사용자 경험 차원에서 B2B 채널의 변화에 대한 고민이 필요해진 것이다.

실제로 최근에는 대면 전시회가 버추얼Virtual 전시회로 전환돼 각 기업별로 VR을 이용한 전시장을 꾸며 영업을 진행하거나, ZOOM을 활용한 온라인 시음회, 체험행사 등을 통해서 오프라인 활동을 온라인으로 전환하는 경우가 점점 많아지고 있다.

▌삼성바이오로직스 버추얼 전시회 화면

출처: 삼성바이오로직스의 버추얼 전시회 홈페이지,
https://exhibition.samsungbiologics.com/index.html#close

다음 화면은 현대자동차가 매년 진행하는 오프라인 콘퍼런스를 가상 공간Virtual space으로 구성해 각국 전문가와 파트너사를 대상으로 신제품을 소개하고 영업활동 및 제품 교육을 진행하는 온라인 콘퍼런스 화면의 일부이다.

Virtual Space의 구성

1. Welcome Board 2. Business Fair(신제품 소개 등) 3. Sales skill up(세일즈 트레이닝 존)
4. Service skill up(서비스 트레이닝 존) 5. Sales sill Olympics(Best Practice 공유) 6. Ask Hyundai
7. Event(Gamification) 8. Small talk(Community) 9. Help Desk 10. Live Session

출처 : HRD 부서에 팬데믹은 위기이자 기회, DBR 2021년 2월 Issue 1

과거 오프라인에서 진행되던 전 세계 대리점 대상 신차 소개 및 회사의 전략과 정책 등의 정보를 공유하는 행사를 제품 교육, 세일즈, 서비스 교육과 통합하여 올해 1월에 버추얼 콘퍼런스로 진행한 것이다. 원웨이 One-way 전달 방식에서 벗어나 전 세계에 있는 학습자들이 본인의 지식 Best Practice을 공유하고 의견을 주고받는 일종의 지식공유의 장 역할까지 수행했다. 과거 오프라인에서 진행되는 콘퍼런스의 경우 학습자들 간에 네트워크를 형성한다는 측면에서는 장점이 있었지만 제한적인 부분이 있었다. 하지만 현대자동차가 최근 선보인 버추얼 스페이스에서는 온라인 전시회와 마찬가지로 여러 가상 부스를 구축하고 역량별, 국가별 차이를 고려한 콘텐츠를 제공함으로써 참석자들의 몰입도를 극대화했다. 또한 오프라인 행사의 경우 시간, 공간의 제약으로 모든 사람들이 참여할 수 없었지만 가상 공간에서는 더 많은 사람들이 함께 정보를 공

▌기존 콘퍼런스와 온라인 콘퍼런스의 장단점

구분	기존 콘퍼런스	온라인 콘퍼런스
진행 장소 / 참석 인원	• 특정 지역에서 권역별로 진행 • HQ에서 일부 인원만 참석	• 가상 공간에서 전 세계 법인 / 대리점 / 딜러 담당자들이 참석
행사구성 / 콘텐츠	• 사업방향, 신제품 런칭쇼 • 일부 제품 교육 • 권역별 참석자 네트워크	• 라이브 행사(신제품 소개, 사업 방향) • 스킬 올림픽(BP 공유) • 세일즈, 서비스 스킬 교육(레벨업) • 커뮤니티 운영, 제품 교육
특장점	• 오프라인 행사로 네트워크 용이 • 행사에 대한 몰입도 높음	• 시간과 장소의 제약 없음 • 행사 비용 절감(운송비, 이동비, 숙박비 등) • 지식, 콘텐츠의 공유, 확산이 용이 • 레벨별, 권역별 차별화된 콘텐츠 제공 가능 • 다양한 인력의 참여 가능 • 언어 장벽이 낮음(자동번역 시스템, TTS 등 활용)

유하는 커뮤니티 활동이 강화됐다.

2020년, 많은 기업들이 영업과 일하는 방식의 디지털화를 경험하면서 비용절감, 온라인 영업의 가능성과 장점 등을 경험했다. 이제는 오프라인이 아니라 온라인 영업활동을 기본으로 두고 생각해야 한다. 실제로 위 행사를 비롯하여 필자들이 진행했던 기업들의 담당자들은 처음에는 온라인 영업활동, 전시회 등에 대한 걱정이 앞섰던 것이 사실이었으나 지금은 온라인으로 진행되는 활동에 대해 긍정적으로 검토하기 시작했다. 물론 온라인 영업활동이 항상 좋을 수는 없고, 오프라인 활동을 100% 대체할 수도 없다. 상황과 케이스에 따라서 탄력적으로 대응하는 자세가 필요할 것이다.

변화 2: 데이터와 정보 유통의 중요성 증대

미국의 세일즈 전문 콘텐츠 기관인 Business 2 community가 진행한 설문조사에 따르면 73.9%의 B2B 세일즈 담당자가 코로나 바이러스로 인해 세일즈 기회를 놓치고 있다고 답했다. 그렇다면 모든 세일즈 기회가 사라진 것일까? 그렇지는 않다. 26.1%의 세일즈 담당자는 오히려 새로운 세일즈 기회를 얻고 있다고 답변했다. [3] 이러한 차이는 왜 발생하며, 우리는 어떻게 대응해야 할까?

다시 K과장의 케이스로 돌아가보자. K과장의 경우, 오프라인에서는 확실한 강점이 있는 영업사원이었다. 기존에 네트워크가 구축되어 있을 뿐 아니라 고객과의 관계, 제품에 대한 지식 어느 하나 빠지는 것이 없다. 그에게 단점이 하나 있다면 바로 '데이터 활용 능력'이 떨어진다는 점이었다. 전형적인 세일즈맨답게 K과장은 관계 지향적인 성격과 특유의 커뮤니케이션 역량으로 그동안 고객의 숨겨진 니즈까지 발굴해 세일즈를 확장시켜 왔다. 하지만 이는 어디까지나 대면 영업이 가능할 때 빛을 발하는 역량이다. 특히 그는 고객 미팅, 전시회 등을 진행한 후 세일즈 데이터를 제대로 기록하거나 관리하지 않고 있었기 때문에 코로나19 이후에는 기존 고객 관리 이외에 새로운 기회를 만들어 내는 게 쉽지 않았다.

만약 K과장이 한 번이라도 미팅을 한 적이 있는 고객이나 세일즈 의사결정 단계에서 성사되지 못했던 고객의 데이터를 잘 관리해 보유하고 있었다면 코로나19 이후 비대면 접근이 필요할 때 새로운 기회 요인으로 작용할 수 있었을 것이다. 그랬다면 온라인에서도 오프라인에서의 강점을 충분히 발휘할 수 있었을 것이다. 과거의 기록을 토대로 고객의 디테일한 니즈, 성향을 사전에 파악해 비대면 미팅을 한다면 오프라인 못지않은 친밀감 형성과 접근이 가능하기 때문이다.

그러나 K과장 뿐만 아니라 많은 세일즈 조직들이 영업사원의 감에만 의존하고 각종 정보를 데이터화하지 않는 경우가 많다. 미국 B2B 기업을 대상으로 한 리서치 결과에 따르면, 약 44%의 리더들이 자신들의 조직이 파이프라인에 의한 세일즈 데이터를 제대로 관리하지 못하고 있다고 응답하였다.[4] 특히 규모가 큰 영업조직, 글로벌마켓을 대상으로 하는 영업팀은 어떤 고객을 만나 어떤 활동을 했는지 모니터링이 되지 않는다면 어쩔 수 없이 영업사원의 감에 의존할 수밖에 없게 된다.

이렇게 되면 데이터 활용도가 낮아지는 것은 물론이고, 회사 차원에서 힘을 쏟고 관리해야 할 영업 건이나 중요한 고객에 대해서 조직의 역량이 집중되기 어렵다. 또 R&D 부서나 지원부서에 대한 요구가 누락되는 경우도 생기기 마련이다. 뿐만 아니라, 전체 고객과 가망고객 DB가 얼마나 확보되어 있는지, 이 가운데 누구를 타기팅Targeting 해야 하는지 파악하기 어려워진다. 이러한 영업은 체계적, 전략적 영업과는 거리가 멀다.

일반적으로 B2B 세일즈 파이프라인은 아래 그림과 같다. 각 단계별로 세일즈 프로세스가 추적 관리되어야 하고 전체 파이프라인에 데이터가 누적되어 활용할 수 있어야 한다. 가망고객 풀 관리, 니즈분석, 제안 및 협상, 클로징, 사후 관리단계별로 고객을 체계적으로 관리하는 것이

▎B2B 세일즈 파이프 라인

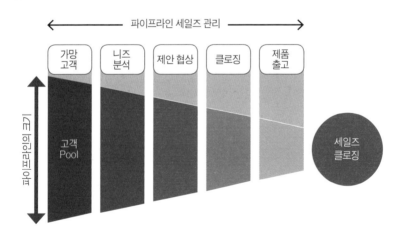

다. 파이프라인은 완전히 새로운 개념이 아니다. 아마 이 글을 읽고 있는 독자들도 학교 화학 시간에 입구가 크고 밑으로 갈수록 좁아지는 깔때기를 한 번쯤은 봤을 것이다. 이와 같이 점차 단계별로 최종 아웃풋을 얻어내는 방법을 파이프라인 관리라고 한다. 일련의 과정을 거쳐서 나오는 아웃풋이 여기서는 세일즈 클로징인 것이다.

세일즈 파이프라인 단계

1. **가망고객 풀 관리**Lead Qualification 세일즈 기회를 평가하는 단계이다. 세일즈 컨설턴트

는 가망고객의 비즈니스 현황 즉, 가망고객이 속해 있는 시장, 인더스트리에 대해 이해

하고, 기본적인 니즈를 판단해야 한다. 이러한 가망고객에 대한 분석이 적절하지 않다

면 세일즈 컨설턴트는 중요하지 않은 고객 혹은 세일즈 성공 가능성이 낮은 고객을 대

상으로 불필요한 시간을 낭비할 수 있기 때문에 가망고객을 관리하고 분석하는 작업은

중요하다. 동시에 최대한 많은 고객 풀을 확보해야 한다. 당연한 이야기겠지만 결국 이

가망고객 풀이 많아야 세일즈 볼륨을 키울 수 있기 때문이다.

2. **니즈분석**Engagement 이 단계에서는 가망고객을 방문하거나 고객의 니즈를 파악하기

위한 미팅을 갖는다.

3. **제안협상**Solution 앞선 단계에서 판단된 고객의 니즈 혹은 문제를 해결하기 위한 솔루션

을 고객에게 제안하는 단계이다. 이 단계에서는 고객을 설득하기 위해 제안 프레젠테이

션이나 협상 등을 진행하기도 한다.

4. **클로징**Closing 이 단계에서는 최종 판매를 위해 고객에게 확신을 주고, 구매 확정 후 계

약, 출고 준비, 출고 등이 이뤄진다.

미국 세일즈 관리 협회의 제이슨 조단Jason Jordan과 로버트 켈리Robert Kelly가 실시한 설문조사에 의하면 파이프라인을 통해서 세일즈를 관리하는 기업의 경우, 파이프라인 관리를 하지 않는 기업에 비해 15% 높은 매출 증가를 가져온다고 한다.[5] 특히 세일즈 프로세스를 정리하고 파이프라인을 관리하며 각 단계별 리뷰를 하는 기업의 경우 매출 증대 효과가 28%에 달한다고 밝히고 있다. 단순히 파이프라인의 데이터를 활용하여 세일즈 결과를 리뷰하고 관리하는 것만으로 매출이 약 30% 증대한다는 것은 대단한 차이라 할 수 있다. 평소에 영업사원들이 매출 10%를 성장시키기 위해 얼마나 많은 노력을 기울이는지 생각해 보면 그 차이가 더 크게 느껴질 것이다.

이와 같이 데이터를 활용한 세일즈 관리는 대단히 효율적이다. 또한 파이프라인을 통해 각 단계별로 고객이 원하는 것은 무엇인지, 다음 단계로 갈 수 없게 만드는 장애요인은 무엇인지, 타 부서의 도움이 필요한 부분이 무엇인지 등을 보다 효과적으로 판단할 수 있다.

데이터의 활용은 코로나 이전에도 중요한 이슈였지만, 특히나 포스트 코로나 시대에서는 아래 그림과 같이 마케팅에서 확보된 고객 니즈를 영업에서 누락없이 잘 팔로우업해야만 하며, 이를 위해서는 부서 간의 긴밀한 협업 및 대응이 더욱 중요해진다. 무엇보다 오프라인의 고객경험이 온라인으로 전환된 상황에서는 보다 세밀한 고객 중심 사고를 통한 고객 관리와 함께 데이터의 관리와 활용까지 병행해 나가야 한다. 더욱이 우리가 앞서 살펴본 온라인 전시회, 디지털화 사례에서 볼 수 있듯

▌고객 구매 프로세스

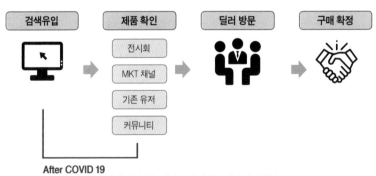

After COVID 19
세일즈 파이프라인에 데이터 누적되어 관리되는 것이 매우 중요

이 온라인상에서는 데이터의 확보와 분석, 활용이 세일즈 성공에 결정적 요소로 작용한다. 이것이 바로 우리가 코로나 시대에 데이터에 더 관심을 가져야 하는 이유다.

변화 3: 영업사원의 일하는 방식 변화

다음은 앞서 살펴본 사례의 주인공인 J영업팀장과의 인터뷰를 일부 각색한 내용이다.

필자 코로나 이후에 가장 큰 변화는 무엇인가요?

J 영업팀장 영업사원의 역량이 이전보다 뚜렷하게 노출된다는 것이 가장 큰 차이점입니다.

필자 오프라인 활동이 제한적인데 그 차이는 어떤 부분에서 드러나요?

J 영업팀장 일단 기존에는 모두가 오프라인 영업활동을 다녔기 때문에 이것을 디테일하게 확인하기 어려웠는데, 이제는 온라인 영업활동을 많이 진행하다 보니 본사에서도 영업사원들이 어떤 식으로 얼마나 많은 영업활동을 하고 있는지 확인하기가 쉬워졌습니다. 실제로 이러한 활동의 차이가 성과로도 나타나고 있고요. 그리고 일부 지역의 경우, 오프라인 활동이 제한되면서 고객 접촉이 적어졌는데도 불구하고 매출에는 변화가 없습니다. 이것은 우리 존재의 이유가 달린 문제이자 저희 팀의 챌린지이기도 합니다.

필자 아, 그런 이슈가 있겠군요.

J 영업팀장 그리고 컨콜이나 웨비나를 진행하다 보니 각 영업사원별로 스킬에 차이

를 보입니다. 아무래도 이런 툴을 잘 활용하는 영업사원이 더 유리한 면이 있죠. 이런 차이가 고객을 한 명이라도 더 만날 수 있는 영업기회로 이어지고, 당연히 결과에도 차이가 나는 겁니다.

필자 또 어떤 이슈가 있을까요?

J 영업팀장 오프라인 미팅과 콘퍼런스콜은 상당한 차이가 있습니다. 콘퍼런스콜의 경우는 아무래도 오프라인에서 느끼는 감정이 배제되니까요. 오히려 전문성이 더 부각되고 또 짧은 시간에 정확한 정보를 전달하는 게 중요해지더라고요. 심지어 영업사원들은 자신이 화면에 어떻게 보이는지, 복장이나 태도는 어떤지 더 신경을 써야 합니다. 오프라인보다 외형에 더욱 집중이 되는 환경이고, 영업사원은 이 과정에서 신뢰감을 줄 수 있어야 하니까요.

필자 일하는 방식에 큰 변화가 생긴 거군요. 확실히 고민이 되시겠어요?

J 영업팀장 네. 코로나 이전이 참 그립네요. 새로운 스킬을 배우는 것도 부담이 되고요. 아, 한 가지 좋은 점은 있네요. 출장이 줄어들어 시간과 비용이 절약되는 점은 좋습니다. 물론 영업사원 입장에서는 그게 더 압박으로 다가올 수도 있겠네요.

위 인터뷰 내용으로도 알 수 있듯이 대면 영업, 오프라인 영업이 줄어들면서 영업사원에게 필요한 역량과 일하는 방식이 빠르게 달라지고 있다. 고객의 니즈를 파악하고 제품을 설명하는 것은 영업사원의 가장 중요한 역량이며, 이는 오프라인이든 온라인이든 변화가 없을 것이다. 다만 포스트 코로나 시대에서는 이것을 오프라인이 아닌 온라인에서 진행해야 하기 때문에 보다 짧은 시간에 더 명확한 제품 정보를 전달해야 한다. 만일 제품 데모를 선보인다고 하면 온라인상으로도 제품을 잘 보여줄 수 있도록 장비를 다루는 역량, 스킬 등도 대단히 중요해진다. 또 앞서 말한대로 세일즈, 제품 전문성이 더 도드라져 보이기 때문에 영업사원들도 과거의 관계 중심의 영업에서 보다 더 전문적 지식과 태도, 스킬을 보유하기 위한 노력이 필요할 것이다. 정보 전달 측면에서도 온라인이 오프라인에 비해 제한적인 부분이 있기 때문에 콘텐츠 측면에서도 변화가 필요하다. 일하는 방식의 변화를 좀 더 구체적으로 살펴보자.

먼저 영업의 준비, 진행 프로세스부터 변화가 필요하다. 과거 오프라인 중심의 세일즈에서는 고객을 대면하여 영업을 진행할 때 먼저 브로슈어 혹은 준비된 자료를 프레젠테이션하고, 고객이 장비를 직접 체험하게 하거나 영업사원이 직접 장비를 작동하면서 설명했다. 하지만 온라인상에서는 이러한 활동이 사전에 보다 치밀하게 준비되어야 한다. 가장 먼저 어떤 툴을 활용할지 결정해야 하는데 소규모 콘퍼런스콜의 경우 줌ZOOM이나 팀즈Teams 등의 화상회의 툴을 활용하여 실시간으로 세일즈 미팅을 진행하거나 준비된 자료를 설명하는 것이 보다 효과적일 것이다. 하지만 제품 데모 시연이거나 대규모 콘퍼런스라면 유튜브 라이브 스트리밍을 활용한 웨비나(웹세미나) 형태의 접근이 효율적이다. 화면전환 등 툴 활용이 라이브 방송에 더 적합하기 때문이다. 이 경우 제품 시연 영상, 소개 영상 등을 사전 녹화하여 혹시 모를 사고를 미연에 방지하고 전문성을 강조하는 것이 좋다. 온라인 비대면 영업에서는 행동이나 말투, 제품을 다루는 스킬 등 작은 실수도 크게 부각되고 영업사원의 전문성이 더 크리티컬하게 작용하기 때문이다. 그리고 만약 웨비나를 진행한다면 영업사원 혼자 모든 참석자를 대응하기보다는 기술지원팀, R&D팀 등 지원부서의 도움을 받아서 고객의 문의나 기술적인 문의에 신속하게 대응하는 것이 신뢰도를 높이는 데 도움이 된다. 또한 고객사의 반응을 확인하는 것이 상대적으로 제한적일 수밖에 없기 때문에 보다 적극적으로 질문을 하거나 질의응답Q&A 세션을 준비하여 고객의 참여를 이끌어 내야 한다.

두 번째는 콘텐츠의 변화다. 과거에는 마케팅팀에서 제작한 브로슈어, 회사 소개자료를 표준화하여 사용하는 경우가 많았고, 이 자료 역시 오프라인 영업에 적합한 형태로 제작되었으나, 온라인 비대면 영업에서는 사용자의 상황에 맞게 보다 맞춤형 콘텐츠를 제작해야 한다. 아무래도 온라인상에서는 대면으로 설명하는 것보다는 보다 짧은 시간에 임팩트를 줘야 하기 때문에 영업 담당자는 마치 온라인 교육과정을 설계하듯이 청자가 보다 쉽게 이해할 수 있는 콘텐츠와 이를 뒷받침할 수 있는 영상자료 등을 준비하여 고객의 집중도를 높일 수 있어야 한다. 그리고 미팅 후에는 미팅에서 활용하였던 자료와 녹화영상을 제공하여 고객이 보다 자세한 정보를 얻을 수 있도록 도움을 주어야 한다. 이때도 콘텐츠의 형태는 교육 콘텐츠나 B2C 고객 대상 설명자료와 같이 보다 쉽게 이해할 수 있게 제공되어야 할 것이다. 즉, 단순히 영업 담당자의 역할에서 그치는 것이 아니라 콘텐츠를 제작하고 공급하는 일종의 마케터 역할까지 더해져야 하는 것이다.

실제로 삼성전자의 경우, 과거에 기술팀이 각 권역을 방문해 고객사와 오프라인으로 진행하던 테크 세미나를 코로나 19 이후에는 온라인 테크 세미나로 전환해 대면하지 않고도 권역별 고객사의 제품에 대한 궁금증 해소를 위한 세일즈 활동을 진행했다. 또한 세미나 이후에는 이러한 콘텐츠를 교육용 자료로 재제작하여 배포하였다. 이처럼 코로나19 이후의 세일즈 연계활동은 단순히 세일즈 활동 그 자체로만 끝나는 것이 아니라 고객이 제품과 서비스에 대해 더 많은 정보를 얻을 수 있도록 지원하는 것이 더욱 중요해졌다.

변화 4: 영업부서의 역할과 필요역량

지금까지 코로나 시대에 영업사원의 일하는 방식이 어떻게 달라졌는지 알아보았다. 그 큰 축은 디지털화와 데이터의 활용, 구체적인 일하는 방식의 변화 양상이었다. 이번에는 이처럼 달라진 일하는 방식에 있어 영업사원에게 어떠한 역량이 필요하며, 어떻게 하면 이를 보완하고 발전시켜 나갈 수 있을지 알아보도록 하자.

2020년 가장 화두가 되었던 영역은 바로 DT Digital Transformation, 디지털 트랜스포메이션이었다. 수년에 걸쳐 서서히 진행돼 오던 디지털 전환이 코로나로 인해 급격하게 앞당겨진 것이다. DT를 촉진한 것은 CEO도 CTO도 아닌 코로나19라는 농담까지 나올 정도였다.

이러한 변화의 흐름 속에서 영업사원은 DT를 보다 적극적으로 수용하고 주도하는 변화촉진자Change agent의 역할을 수행해야 한다. 변화촉진자는 조직의 변화를 지원하고 영향을 주는 개인 혹은 집단을 말한다. 예를 들어 코로나 시대가 오프라인 영업보다 온라인 영업을 적극적으로 검토하고 도입해야 할 때라면, 변화촉진자로서의 영업사원은 매일 온라인상으로 다양한 스킬을 학습하고 역량을 발전시킬 수 있다. 즉, 지금처럼 변화가 가속화되는 시대에 영업사원은 조직 내에서 변화를 알리고 확산하는 변화관리자로서 변화의 주도권을 가져와야 한다는 것이다.

변화의 주도권을 가져오기 위해서는 먼저 온라인 영업을 빠르게 학습해야 한다. 그 과정에서 생긴 노하우를 적극적으로 활용하고 타 부서에 확산시킴으로써 주도적인 역할을 선점할 수 있다. 앞서 언급한 바와 같이 급격한 변화에 가장 먼저 변화해야 했던 부서가 바로 영업팀이다. 이제는 체질 개선과 변화를 주도할 준비가 끝났을 것이다.

2020년 한 해 코로나로 인해 많은 기업들의 디지털 트랜스포메이션이 자연스럽게 진행되었지만 아직까지 역량이 부족한 것은 사실이다. HR 시스템 전문 기업인 워크데이가 기업 내 주요 책임자를 대상으로 조사한 '디지털 민첩성 지표'에 따르면, 국내 기업의 72%가 디지털 트랜스포메이션이 조직 내 최우선 과제이며, 직원 중 단 3%만이 디지털 민첩성을 보유하고 있다고 답했다. [6]

아마도 영업 담당자라면 이미 오래전부터 디지털 트랜스포메이션에 대해 고민해 왔을 것이다. 또한, 코로나 이후에는 줌이나 웹엑스, 팀즈 등을 활용한 다양한 세일즈 활동, 콘텐츠 개발 노하우를 전사에 전파하는 역할을 수행해야 했을 것이다. 이처럼 영업팀은 코로나 시대에 필요한 디지털 역량Digital Competency을 우선적으로 갖추고 확산하는 역할을 수행해야만 한다. 그렇다면 영업사원이 포스트 코로나 시대에 갖춰야 할 디지털 역량은 무엇일까?

크게 디지털 커뮤니케이션 역량, 데이터 관리 및 활용 역량, 데이터 분석 역량, 콘텐츠 제작/활용 역량, 변화관리 역량까지 총 5가지 역량을 꼽을 수 있다.

│ 코로나 시대에 필요한 세일즈 부서의 디지털 세일즈 역량DIGITAL SALES COMPETENCY

첫 번째, 디지털 커뮤니케이션Digital Communication 역량

디지털 커뮤니케이션 역량은 줌, 팀즈 등 온라인 화상회의를 활용한 회의 및 의사소통 스킬을 의미한다. 특히 고객에 따라서 화상회의 툴의 사용이 달라질 수 있기 때문에 다양한 툴에 대한 이해도가 높아야 하고, 사용법도 고객보다 더 잘 다룰 줄 알아야 한다. 여기서는 툴에 대한 설명보다는 세일즈 화상 영업을 할 때 주의해야 할 포인트만 몇 가지 소개하고자 한다. 툴에 대한 내용은 인터넷이나 다른 서적에서 워낙 많이 다루고 있어서 쉽게 학습할 수 있다. 따라서 툴 자체보다는 화상영업을 어떻게 진행해야 할지를 설명하고자 한다.

세일즈 화상회의 스킬 Tip

1. 화상회의 진행시 배경은 단순한 색상의 벽 혹은 줌, 팀즈 등의 가상 배경 기능을 활용하여 상대방이 화상회의에 집중할 수 있도록 해야 한다.

2. 영업은 고객을 상대하는 일이기 때문에 작은 부분도 놓쳐서는 안 된다. 이를 위해서는 조용한 곳에서 화상회의를 진행해야 한다. 종종 장소가 마땅치 않아 카페 등에서 진행하는 경우가 있는데 될 수 있으면 화상회의는 막힌 공간(회의실 혹은 자동차 조수석 등)에서 진행하는 것이 좋다.

3. 마이크 기능이 있는 이어폰 혹은 헤드셋을 활용하라. PC에 내장된 마이크와 스피커를 쓰면 스피커에서 나오는 소리가 마이크로 들어가 소리가 울리는 현상이 발생하기 때문에 별도 장비를 준비하는 것이 좋다.

4. 얼굴을 비추는 조명에 신경을 써야 한다. 조명이 바로 위에 있으면 얼굴이 그늘지기 때문에 좋지 못한 인상을 남길 수 있다. 될 수 있으면 조명이 얼굴 앞쪽에 있어서 얼굴이 밝게 나오게 하는 것이 좋다. 마치 방송에서 조명을 가장 신경쓰는 것처럼 영업사원도 화상회의로 고객을 만날 때는 조명을 각별히 신경써야 한다.

5. 화상회의 때 신경써야 하는 또 다른 한 가지는 바로 노트북의 높이다. 보통 일반 책상에 노트북을 둘 경우 시선이 위에서 아래로 향하기 때문에 자칫하면 나쁜 인상을 줄 수 있다. 따라서 눈높이를 노트북 혹은 PC의 카메라 높이에 맞추는 것이 중요하다. 그리고 노트북이나 PC 화면보다는 렌즈를 보고 이야기하는 것이 좋다.

6. 화상회의로 영업 미팅을 진행할 경우 복장이나 주변 환경을 소홀히 생각하는 우를 범할 수 있는데 화상회의일수록 복장이나 외모에 더욱 신경써야 한다. 짧은 시간 화상회의에서 보이는 모습, 말투로만 평가가 되기 때문이다. 물론 오프라인에서도 이런 점은 중요하지만 온라인의 경우 화면에 보이는 모습만으로 평가되기 때문에 그 영향력이 더 크다고 할 수 있다.

두 번째, 데이터 관리/활용 역량

우리가 앞서 살펴본 바와 같이 세일즈 파이프라인을 구축하고 세일즈 결과를 기록하고 고객데이터, 세일즈 성과 등의 데이터를 관리하는 역량이다. 가장 기본이 되는 역량이고, 또 코로나 이전에도 세일즈 데이터를 관리하는 역량은 핵심 역량 중 하나였다. 데이터를 어떻게 정의하고 분류, 관리하느냐에 따라서 성과가 달라질 수 있기 때문에 더욱 관심을 가져야 할 역량 중 하나이다.

세 번째, 데이터 분석 역량

누적된 데이터를 분석하고 인사이트를 도출할 수 있는 역량이다. CRM 데이터, VOC 데이터, GIS 데이터 등 다양한 데이터를 분석하고 이를 세일즈에 활용하는 역량을 의미한다. 기존에도 이런 데이터 분석은 중요했으나, 온라인 세일즈 활동이 많아지는 코로나 시대에는 이러한 데이터 속에서 새로운 방향과 인사이트를 획득하는 것이 더욱 중요해졌다.

네 번째, 콘텐츠 제작/활용 역량

포스트 코로나 시대에는 영업사원이 콘텐츠를 제작하고 활용하는 역량이 중요해진다. 오프라인상에서 고객에게 설명해야 할 많은 부분이 온라인 상담으로 진행되면서 PT자료라든가 고객 설명자료를 직접 제작하고 활용하는 경우가 더 많아지기 때문이다. 또한 오프라인 미팅이 제한됨에 따라 주기적으로 고객과의 커뮤니케이션을 위한 뉴스레터 등의 콘텐츠를 제작하고 발송하는 것도 대단히 중요해졌다. 특히 기술영업의 경우, 제품 교육이 필요한 경우도 있는데 이때 필요한 제품 교육 자료도 만들어야 한다.

이전에는 제품을 들고 가서 직접 설명하면 간단하게 해결되었지만, 이제는 고객 혹은 대리점에서 직접 제품을 작동해 보고 스스로 익힐 수

콘텐츠 제작 툴

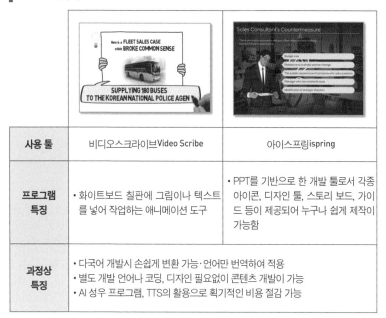

사용 툴	비디오스크라이브Video Scribe	아이스프링ispring
프로그램 특징	• 화이트보드 칠판에 그림이나 텍스트를 넣어 작업하는 애니메이션 도구	• PPT를 기반으로 한 개발 툴로서 각종 아이콘, 디자인 툴, 스토리 보드, 가이드 등이 제공되어 누구나 쉽게 제작이 가능함
과정상 특징	• 다국어 개발시 손쉽게 변환 가능·언어만 번역하여 적용 • 별도 개발 언어나 코딩, 디자인 필요없이 콘텐츠 개발이 가능 • AI 성우 프로그램, TTS의 활용으로 획기적인 비용 절감 가능	

있도록 가이드를 제공해주는 것이 더 중요해졌다. 따라서 영업사원이 더 적극적으로 다양한 콘텐츠 제작 역량을 향상시킬 필요가 있다. 다행히 최근에는 디자이너가 아니더라도 다양한 콘텐츠를 제작할 수 있도록 도와주는 많은 콘텐츠 제작 툴이 등장했다.

위에서 설명한 콘텐츠 제작 툴은 몇몇 글로벌 기업에서 실제 제품 소개 자료를 제작할 때 활용했던 것으로, 영업사원도 조금만 학습하면 디자이너의 도움없이 보다 쉽게 대고객용 소개 자료 혹은 제품 교육 자료를 제작할 수 있다. 위에 언급한 툴 이외에도 요즘에는 망고보드 등 다양한 디자인툴이 제공되고 있어서 자신이 가장 잘 활용할 수 있는 툴 하나 정도는 선택하여 익숙해질 필요가 있다. 혹시 '이건 마케터나 디자이너가 해야 할 일이지'라고 생각하시는 분이 계실지 모르겠다. 하지만 포스트 코로나 시대에는 영역의 파괴가 더 많이 일어날 것이다. 영업사원도 포스트 코로나 시대에 생존하기 위해서 소극적인 자세에서 벗어나 보다 적극적으로 영역을 파괴하고, 융합역량을 길러서 경쟁력을 확보해야 할 것이다.

다섯 번째, 변화관리 역량

당연한 이야기이겠지만 코로나로 인해 많은 것이 변화하고 있고, 또 앞으로도 변할 것이다. 앞서 언급한 바와 같이 영업사원들은 이미 변화의 바람을 온몸으로 느끼고 있고, 그에 따라 변화를 주도하는 역할을 수행해 나가고 있다. 이러한 상황에서 변화를 받아들이고, 자신의 것으로 만들어 확산시키는 역량은 필연적일 수밖에 없다.

앞에서 언급한 다섯 가지 역량을 이미 갖추고 있는 영업사원도 있을 것이고, 혹은 기존에 필요하다고 생각했던 역량과 다소 다르다고 느끼는 영업사원도 있을 것이다. 변화의 주체, 역량 개발의 주체는 영업사원 본인 자신이다. 그러므로 영업사원은 변화의 타이밍을 잘 알아채고 스스로에게 필요한 역량을 발견해 조금씩 변화해 나가야 한다.

구분	체크리스트
디지털 전환 측면	☐ 우리 조직은 오프라인 영업에서 디지털 영업으로 전환이 이뤄지고 있는 가? 혹은 준비하고 있는가?
	☐ 고객이 정보를 쉽게 접할 수 있는 채널 구축이 진행되고 있는가?
데이터 활용 측면	☐ 디지털 채널에서의 고객활동, 문의 등이 분석되어 영업조직에 잘 전달되 고 있는가?
	☐ 세일즈 파이프라인, CRM이 구축되어 있고 정보가 제대로 유통되고 있 는가?
일하는 방식의 변화 측면	☐ 영업사원들이 비대면 영업을 위한 툴 활용에 익숙한가? 적절한 교육이 제공되고 있는가?
	☐ 비대면 영업에 맞는 고객 접근 전략과 방법에 대해서 회사만의 원칙과 기 준이 있는가?
	☐ 영업조직은 마케팅팀, 기술지원팀과 효과적으로 협업하며, 콘텐츠를 생 산하고 있는가?
역할과 역량 측면	☐ 변화를 주도하고 변화촉진자의 역할을 수행하고 있는가?
	☐ 우리 조직은 필요한 다섯 가지의 역량을 보유하고 있는가?

*각 장의 마지막 부분은 세일즈 조직 및 리더, 구성원들이 세일즈 뉴노멀 시대에 맞게 적절한 대응을 하고 있는지
일하는 방식, 성과관리, 조직의 운영, 변화 관리 측면에서 진단해볼 수 있는 진단도구로 구성되어 있다. 항목별로
우리 조직은 변화하는 시대에 제대로 적응해가고 있는지 간단하게 진단하고 평가해볼 수 있다.

3장

세일즈 뉴노멀 #3
'성과 관리의 변화'

뉴노멀 시대, 세일즈 조직의 성과관리 핵심은 무엇인가?

많은 조직들이 영업부서와 인사, 전략부서간 입장 차이로 갈등을 겪는다. 이런 갈등은 상호 관점의 차이에서 비롯된다. 일부 인사, 전략 부서의 경우, 영업조직을 관리와 통제의 대상으로 바라보면서 영업사원들을 신뢰하지 못하는 경향을 보인다. 그래서 다양한 성과지표로 영업 활동을 관리하는 것이 일반적이다. 반면, 영업조직은 '영업은 성과로 말하는 조직인데 관리부서에서 진행과정 중에도 불필요한 통제와 측정을 한다'며 불만을 토로한다.

인사, 전략 부서의 관점을 따라가다 보면, 본질이나 목표에 집중하기보다 측정과 평가에만 매몰되어 각종 문제가 발생할 수밖에 없다. 더욱이 코로나19로 인해 지표나 측정에 대한 이슈는 더욱 부각되고 있다. '사회적 거리 두기'가 강화되고 해외 출장이 제한되다 보니 조직 내에서는 "영업이 제대로 일하고 있는 건가?", "특별히 하는 건 없어 보이는데, 매출은 이전과 비슷하네?", "영업을 어떻게 측정하고 관리해야 하지?"라며 여전히 기존의 방식대로 통제하고 관리하려는 상황이다. 영업조직의 경우, 오프라인 영업의 기회는 줄어들었으나 일하는 방식에 변화를 주면서까지 목표 달성을 위해 애쓰는 중이다. 이처럼 상황을 바라보는 관점이나 생각이 확연히 다르다 보니, 양측의 불신은 더욱 커질 수밖에 없다. 특히 코로나19에도 불구하고 실적이 크게 떨어지지 않은 기업에서는 "영업활동이 줄어들었는데도 매출에는 차이가 없잖아?"라는 반응이 나오고 있다. 이에 따라 영업의 성과나 결과 측정을 어떻게 해야 하는가에 대한 고민이 갈수록 심화되고 있는 상황이다.

이 시점에서 우리가 생각해야 할 포인트는 '과연 영업조직을 측정하는 지표가 제대로 작동하고 있는지?', '기존과 다르게 일해야 하는 상황이라면 영업조직의 활동을 어떻게 진단하고 피드백해야 하는지?'이다. 그리고 코로나19 시대에서는 재택근무와 리모트 셀링의 강화로 더 개인화되고 자율성이 부각되는 상황임에도 불구하고 '기존의 관점대로 영업조직을 통제하고 관리해야 하는지?'를 함께 생각해 봐야 한다. 그럼 우리가 영업조직의 성과지표를 어떻게 설정하고 또 어떤 이슈들을 해결해야 하는지 실제 사례를 통해서 살펴보자.

CASE STORY 2 │ 영업조직의 성과지표 및 목표설정의 오류

*Story구성은 실제 현장 기업 사례를 토대로 하되, 일부 세부 내용/정보를 각색한 것

김 대리는 병원에 의료 장비를 판매하는 C사의 영업사원이다. C사는 최근 하루 4번

고객 방문을 의무화하는 정책을 만들었다. 그로 인해 김 대리는 하루 종일 서울 시내를 돌아다니느라 정신이 없는 상태다. 문제는 방문이 매출로 이어지지는 않는다는 점이었다. 더욱이 요즘 같은 코로나 시대에 하루 4번 고객사를 방문하기란 쉽지 않을뿐더러 주 고객처가 대형병원인 김 대리의 경우에는 무작정 하는 고객 방문보다 기존 고객의 관리와 신규 고객 확보를 위한 마케팅 활동이 더 효과적이라고 판단되었던 것이다. 게다가 기존 고객들은 장비 점검이나 병원 관련 일로 수시로 호출을 하는데, 이를 거부하고 다른 곳을 방문하는 것도 쉽지 않다. 김 대리의 사정은 그나마 나은 편이다. 이 과장의 경우 고객의 장비 운영에 문제가 생길 경우 하루 종일 한 곳에 매달려 있는 경우도 비일비재했다.

회사가 일방적으로 KPI에 고객 방문 횟수를 포함시키는 바람에 두 사람 모두 무의미하게 고객사를 방문하거나 거짓으로 일지를 꾸미기도 했다. 방문지표가 단순 보상뿐만 아니라 영업 마케팅 비용의 할당에도 영향을 미치는 요소가 되었기 때문이다. 그러다 보니 영업사원 입장에서는 거짓으로라도 관리해야 하는 지표가 된 것이다.

김 대리를 비롯한 팀원들은 KPI 설정 시에 영업팀장에게 말도 안 되는 성과지표라고 항의를 했지만 "위에서 하라고 하면 해야지. 요즘 분위기도 안 좋은데 괜히 일 만들지 말자"라고 오히려 질책을 받고 의견은 전혀 받아들여지지 않았다. 사실 이러한 성과지표가 만들어진 데에는 다음과 같은 이유가 있었다. 경영진이 전략과제로 '성과지표 개선'을 지시했고, 인사, 전략부서에서는 타 헬스케어 업종이 적용하고 있는 일일 방문 횟수를 주요 지표로 선정한 것이다. 타사의 경우, 고성과자들이 고객 방문

전략과제	성과목표 세부수행과제	KPI (핵심성과지표)			가중치
		KPI명	속성	KPI 산식	
기존 고객 매출 성장	고객, 파트너 관리를 통한 주요 거래처 매출 증대	총 매출목표 달성율	정량	목표 달성율	40%
영업이익 목표달성	신제품 판매 활성화를 통한 이익 확대	신제품 매출목표 달성율	정량	목표 달성율	20%
고객 관리	고객 방문횟수 관리	일일 고객 방문목표 달성율	정량	방문목표 달성율	30%
부실채권 및 판관비 관리	판매처리(수금 등)	수금율(%)	정량	총 채권대비 수금율	10%

*C사 김 대리의 KPI이며, 보안과 관련된 내용을 일부 수정/편집하였음

을 주기적으로 하고 있고, 이를 전사의 정량지표로 설정했을 때 영업사원을 통제하기 쉬웠고 성과도 늘어났다며, 우리 회사에도 동일하게 적용하면 분명 성과가 날 거라는 주장이 있었다는 것이다. 물론 주기적인 고객 방문은 새로운 기회를 만들 수 있고, 기존 고객의 경우도 자주 방문하면 고객관리 차원에서 도움은 될 것이다.

하지만 C사의 경우, 제품의 가격이 높기 때문에 무작정 고객을 방문하기보다는 타기팅을 해서 고객을 방문하고, 한 번 방문했을 때 장비 시연이나 제대로 된 상담을 하는 것이 매출로 이어질 확률이 높은 상황이었다. 때문에 영업사원들은 바뀐 성과지

표가 성과를 높이기 위한 것이 아니라, 자신들을 평가하고 통제하기 위한 것이라고 생각했다. 뿐만 아니라 거짓 영업일지를 쓰면서까지 영업을 하다 보니 동기부여도 되지 않고 감시받는 느낌이 든다고도 했다. 더욱이 코로나로 인해 지금의 성과지표가 현 상황을 제대로 반영하고 있는 것 같지 않은 것만 같아 답답함은 배가 되었다. 물론 회사 입장이 이해가 안 되는 것은 아니다. 큰 조직에서 한 번 내린 의사결정 사항을 쉽게 바꿀 수도 없는 노릇이고, 또 회사에서는 측정지표가 곧 성과평가로 연결되다 보니 현재 이슈가 터졌다고 이걸 현실화하는 것도 쉽지 않은 상황이다. 김 대리는 같은 팀 선배들에게 하소연했다.

"아니, 이렇게 고객만 주구장창 만나면 매출이 오르나요? 요즘 원장님들은 잘 만나주지도 않는데.. 참 답답하네요."

선배들이 말했다.

"야, 걱정하지 마. 한 2~3년만 지나면 흐지부지될 거야. 뭐 코로나 이슈도 있으니 적당히 눈치보고 버텨야지. 그리고 숫자만 채우면 KPI 달성되는데 뭐가 걱정이야? 그냥 영업일지 꾸며. 방법 없잖아."

선배들과 대화를 했더니 더더욱 미래가 보이질 않는다.

지표를 기반으로 성과를 평가하고 피드백해야 하는 영업팀장은 더 답답한 상황이다. 코로나로 고객방문이 수월하지 않은 것도 사실이고, 그렇다고 당장 지표를 바꾸자고 한들 의사결정이 빠르게 이뤄지는 조직도 아니기 때문이다. 전략팀과 관련 논의를 했으나 전략팀은 오히려 지표 탓하지 말고 비대면 영업활동으로 방문을 하면 된다며 통제와 관리, 지표 측정의 객관화의 중요성만 강조하니 더 이상 대안이 없다는 생각이 들 정도다.

만약 여러분이 김 대리의 팀장이라면 어떻게 해야 할까? 그리고 코로나 시대에는 목표를 어떻게 설정하고 관리하는 것이 맞는 것일까?[1]

코로나로 인해 변한 환경, 영업조직은 꼭 통제, 관리를 해야 할까?

위 케이스에서 선결돼야 할 이슈는 영업팀에 대한 관리와 통제의 관점 차이를 좁히는 것이다. 방문지표의 현실성이 떨어진 현 시점에서 지표를 재조정하지 못하는 이유는 C사의 경영진이 영업조직을 통제의 관점으로 바라보고 있기 때문이다. 코로나 시대에 일하는 방식이 재택근무, 원격 영업Remote selling 등으로 바뀌고 있는 만큼 통제와 관리에 초점을 맞추는 지표는 제일 먼저 변화해야 할 영역이다.

하지만 C사뿐만 아니라 여전히 많은 기업이 영업조직의 일하는 방식에 의구심을 갖는다. 특히 제조업을 기반으로 성장한 기업이 많다 보니 한국 기업에서는 영업조직을 관리와 통제가 안 되는 조직으로 바라보는 경우가 많다. 다음은 C사의 전략팀 관계자, 영업팀장과의 인터뷰 중 일부 내용이다. 코로나19로 인한 지표 설정에 대한 고민 그리고 그 이면에 각 조직이 가지고 있는 불신, 통제와 관리에 대한 관점 차이 등을 느낄 수 있다.

Q1. 코로나19 사태가 장기화되고 있는데 지금과 같은 성과측정지표가 의미가 있을까요?

전략팀 네. 저희도 고민이 많습니다. 코로나가 장기화되면 성과지표를 바꿔야 할 필요성도 있다고 생각합니다. 다만 영업조직의 경우 고객 방문이 어려운 상황이라 하는데 아이러니하게 매출은 크게 줄어들지 않았거든요. 그래서 영업 담당자들이 고객 방문을 더 열심히 하면 성과가 오르지 않을까 생각하고 있습니다.

Q2. 그런데 아무래도 요즘은 고객 방문이 어려운 게 사실인데 이 상황을 반영해야 하지 않을까요?

전략팀 영업조직에서 불만이 많은 게 사실입니다. 그런데 꼭 대면 방문이 아니더라도 전화나 화상 영업도 가능하니까요. 그래도 고객을 방문하는 지표는 무조건 넣어야 된다고 생각합니다. 안 그러면 뭐 하는지, 고객은 제대로 만나는지, 관리하고 있는지 알 수가 없습니다.

Q3. 작년에 방문지표가 설정된 이후 코로나 사태가 더욱 악화되면서 대면 영업이 힘들어졌는데 성과지표는 어떻게 개선돼야 할까요?

영업팀장 결국 이건 신뢰의 문제라고 생각됩니다. 영업조직의 문화도 변하고 있습니다. 특히 요즘 젊은 직원들은 이렇게 틀에 박힌 제도로 통제하는 것에 거부감을 느껴요. 이제는 영업도 다른 개발부서나 마케팅 조직처럼 조금은 자유로운 분위기 속에서 이것저것 시도해 보고 자율적으로 영업활동을 할 수 있어야 한다고 생각합니다. 그리고 목표도 상황에 맞춰 주기적으로 충분히 논의하면서 조금씩 수정해 나갈 수 있어야 합니다.

위 대화를 보면 알 수 있지만 이 회사의 전략팀이나 경영진은 영업조직에 대한 신뢰가 부족하다. 여러가지 이유가 있겠지만 가장 큰 원인은 관리와 통제를 해야만 직원들이 열심히 일한다는 생각 때문이다. 실제 필자들이 이 회사의 경영진을 인터뷰한 결과, 경영진은 영업팀을 통제하고 일일 단위로 보고를 받을 때 비로소 영업팀이 제대로 일을 하고 있다고 느낀다고 답변했다. 그러다 보니 영업팀은 매출 목표 달성보다도 우선적으로 내부 보고를 위한 보고 자료 작성에 더 많은 시간을 들이게 되었고, 영업활동의 원래 목표인 매출액 확대나 고객만족 등은 자연스럽게 후순위로 밀릴 수밖에 없었다.

뉴노멀 시대에 맞는
성과지표는 무엇일까?

코로나19 이후 많은 조직이 고민하고 있는 부분이 바로 측정지표의 설정 문제다. 위에서 언급한 C사의 경우도 궁극적인 목표는 당해연도 매출목표 및 영업이익 달성이다. 하지만 세부지표 중 관리에만 포커스를 둔 방문 지표가 포함돼 있었고, 이 지표의 달성 여부에 따라 보상도 크게 달라졌다. 성과지표는 목표 달성을 위한 활동을 측정하고 피드백하기 위한 도구가 돼야 하는데, 단순히 관리를 위한 도구로만 성과지표를 설정한 것이다. 더욱이 코로나 시대에 이 지표가 목표에 어떤 영향을 미치는지 고민해 봐야 할 것이다. 사실 C사는 장비 제조업체이기에 방문 횟수보다는 세일즈를 보다 효과적으로 측정할 수 있는 지표의 설정이 필요한 상황이다.

잘못된 성과지표로 인해 고통받는 사례는 비단 현 코로나 시대의 문제만은 아니다. 대표적 케이스로 베트남 전쟁의 미국을 꼽을 수 있다. 미국은 2차 세계대전의 승전국이지만 베트남전에서는 처참하게 패했다. 이러한 차이는 어디서 왔을까. 두 전쟁 모두 목표는 당연히 승리였다. 다른 점은 성과지표와 보상이었다. 2차대전에서 병사들은 전쟁에서 승리해야만 고국으로 돌아갈 수 있었다. 하지만 베트남전에서는 복무기간만 채우면 집에 갈 수 있었다. 이 차이가 베트남전 참전 군인들로 하여금 조직의 목표 달성과 상관없이 자신들의 성과지표인 '복무 기간 채우기'에만 집중하게 했고, 결국 전쟁은 패배로 끝이 나고 말았다. 조직의 목표와 군인들이 원하는 보상 사이의 괴리가 전쟁에서 패배하는 결과를 가져온 것이다. 베트남전에서 명령 불복종이나 상사를 총으로 쏴죽이는 사건이 유독 많이 발생했던 걸 보더라도 목표와 보상의 불일치가 조직을 얼마나 잘못된 방향으로 이끄는지 알 수 있다. 스티븐 커Steven Kerr 미국 오하이오주립대 교수는 베트남전 사례를 통해 "이처럼 우리 사회, 조직 내에서 정작 목표와 상관없는 잘못된 보상으로 인해 많은 문제가 발생하고 있다"고 설명한다. [2]

다시 C사의 케이스를 살펴보자. C사의 경우, 원래는 매출과 영업이익, 채권 관리 등의 일반적인 목표만을 KPI로 관리하고 있었다. 하지만 매출 목표를 달성한 영업사원들이 영업활동이나 고객방문을 적극적으로 하지 않는 점이 늘 대표이사의 불만이었다. 그래서 생각해 낸 것이 고객사 방문 횟수라는 성과지표였던 것이다. 하지만 C사에선 이같은 제도가 영업사원의 불만을 일으켰을 뿐 아니라 실제 그 효과도 떨어지는 상황이었다. '고객사 1일 방문 4회'라는 기준 때문에 영업사원들은 의미 없는 고객 방문 횟수를 채우고 있었고, 그 과정에서 오히려 큰 고객에 대한 관리나 판매 기회를 놓치는 경우도 생겨났다. 바라는 목표(매출액 및 영업이익)를 달성하기 위한 세부 지표에 엉뚱한 지표(고객 방문 횟수)가 들어가면서 조직이 가고자 하는 방향과는 전혀 다른 결과가 나타나고 만 것이다. 따라서 조직들은 현 시점, 즉 코로나 시대에 맞는 측정지표를 재설정하고 우리 조직이 제대로 가고 있는지 진단하려는 노력을 기울여야 한다.

솔루션 #1. 측정지표에 대한 맹신을 버려라.

코로나 시대에 가장 큰 변화 중 하나는 '디지털화'이다. 코로나로 인해 산업별 일하는 방식의 변화가 빠르게 일어나고 있다. 산업별 성과도 엇갈리고 있다. 오프라인 유통, 항공, 여행 등의 산업은 올 초 세운 목표와 결과의 갭이 너무 커서 성과를 측정하기조차 어려운 상황이다. 이런 상황에서 과연 기존과 같은 KPI, 성과관리 시스템이 의미있는지 생각해 봐야 한다. 어쩌면 우리는 과학적 성과관리라는 이름하에 측정지표를 맹신하고 있었던 것은 아닐까? 또 성과지표라는 강박 관념에 사로잡혀 있는 것은 아닐까?

측정에 대한 맹신은 1910년대 산업 효율화의 일환으로 '과학적 관리법'이란 용어를 만들어낸 미국의 엔지니어 프레더릭 윈슬로 테일러 Frederick Winslow Taylor의 영향이 크다. 테일러는 공장의 선철 생산량을 분석하기 위해 생산 과정을 구성 요소별로 세분하고 각 작업의 표준 생산 수준을 정해 생산성을 측정하고 이에 따라 보상을 차등 적용해 생산성을 극대화했다. 측정이 가능하고 비교적 단순 반복이 가능했던 공정에

서는 분명 효과적인 방법이었다. 3

문제는 이러한 측정에 대한 강박이 조직의 방향과 일치하지 않고 현시대의 변화에 발맞추지 못하는 경우다. 우리가 앞서 살펴본 C사의 경우가 전형적인 케이스다. 단순히 성과 측정에 집중하다 보니 쉽게 달성할 수 있는 항목들만 성과지표로 다루게 되고, 현장에서는 증거를 조작하는 경우도 발생하게 되는 것이다. 실제로 많은 조직에서 연말에 KPI를 설정함에 있어 전년도의 지표를 그대로 가져가거나 달성하기 쉬운 지표 위주로 정하는 경우가 많다. 목표와 연계된 지표를 선정하기보다는 평가를 위한 지표, 보상을 위한 지표를 먼저 생각하기 때문이다. 미국의 사회심리학자인 도널드 토마스 캠벨Donald Thomas Campbell이 밝혀낸 '캠벨의 법칙'에 따르면 사회적 의사결정에 더 많이 활용되는 정량적 사회 지표일수록 부패 압력에 더 많이 시달리고, 이 지표로 감시하려는 사회적 절차 또한 더 쉽게 왜곡되고 부패한다고 한다. 측정지표를 다루다 보면 다양한 유혹에 빠지기 쉽다. 4 현 코로나 시대에 성과지표, 측정에

측정지표의 대표적인 유혹

1. 가장 쉬운 것을 측정하려 한다.

2. 복잡성을 띄는 경우 단순화하고자 한다.

3. 결과(아웃풋의 질)보다는 투입량으로 측정하고 판단하려 한다.

4. 맥락보다는 표준화에 집중하고자 한다.

만 매몰되어서는 안 되는 이유다.

C사의 경우 측정을 위한 지표에 집중하기보다는 영업의 목표와 질적인 성과 평가에 대한 고민이 필요하다. 성과지표는 목표를 향해가는 과정에서 참고자료가 될 순 있지만 단순히 이것만 맹신해서는 안 된다는 이야기다.

지금까지 현 시점에 맞지 않는 C사의 성과지표와 측정 방법, 평가의 실체와 그 원인을 살펴봤다. 결국 현 시점에 맞게 유연하게 대응하려는 사고가 우선돼야 한다. 앞서 인터뷰에서 나온 의견처럼 통제와 관리의 관점보다는 자율에 기반한 업무 방식이 더 보편화돼야 할 것이다. 또한 측정에 함몰되기보다는 피드백을 통해 조직의 본질인 목표 달성을 위한 변화와 조정(일종의 피버팅)을 꾀해야 한다.

> **피버팅** 기존 사업 아이템을 포기하고 방향전환에 나서는 것을 의미. 통상 예상했던 것만큼 시장성이 보이지 않거나 성과가 나오지 않을 때 비상수단으로 여겨지곤 함. 여기서는 현 상황에 맞게 유연하게 성과지표를 변형해야 한다는 의미로 적용.

솔루션 #2. 지표의 현실성을 고려해 성과지표를 피버팅하라.

C사의 성과관리 문제점 중 하나는 실제 성과목표 달성에 집중하기보다는 고객 방문이라는 행동에 집중하고 있는 점과 현 코로나 시대에 맞지 않는 성과지표가 반영되었다는 점이다. 궁극적인 영업팀의 목표인 매출과 신규 고객 확보, 신제품 판매 등의 성과를 달성하기 위해서는 이 목표를 달성하기 위한 현실적인 레버리지 지표에 집중해야 한다. 그리

┃ 코로나 시대에 맞는 C사의 성과지표 개선 방향

AS-IS

구분	내용
성과 지표	• 매출과 영업이익의 달성 • 고객관리를 위한 방문횟수
측정 포인트	• 고객을 얼마나 많이 그리고 주기적으로 방문하였고 이를 통해 매출을 달성했는지?

TO-BE

구분	내용
성과 지표	• 매출과 영업이익의 조정 *고려요소 : 산업평균, 경쟁사 현황 • 온라인 영업활동의 정성적 평가 • 온라인 웨비나 고객 모객현황 • 디지털 마케팅, 콘텐츠 제작 등 영업의 일하는 방식 혁신
측정 포인트	• 현 시점에 변화에 대응하기 위하여 영업활동의 혁신을 얼마나 진행했는지? • 이러한 활동이 영업성과에 어떤 영향을 미쳤는지?

고 코로나19로 인해 고객 방문이 어려운 시점에서는 현재 상황에 맞는 현실적인 지표로의 전환이 필요하다.

코로나 시대 이전에는 단순 통제와 관리를 위한 지표에 집중했다면 이제는 현실성을 고려해 현재 변화된 상황에 대응하기 위한 영업활동의 혁신을 얼마나 했고, 이러한 활동이 영업 성과에 어떤 영향을 미쳤는지 고려해야 한다는 뜻이다. 즉, 신규 고객 확보를 위한 온라인 콘퍼런스나 고객과의 짧은 미팅 시간 동안 메시지를 보다 효율적으로 전달할 수 있게 하는 마케팅 콘텐츠, 프레젠테이션 자료 등의 제작이 더 중요한 활동이다. 또한 단순 정량 지표로 영업사원을 평가하는 양적 지표에만 집중하기보다 영업사원이 얼마나 효율적으로 마케팅 활동 등 온라인 영업활동을 벌이는지 등의 질적 영역을 중심으로 커뮤니케이션하는 것이 훨씬 효율적인 성과관리가 될 것이다. 여기서 질적 영역은 제작한 마케팅 콘텐츠가 고객 친화적인지, 고객에게 어떤 이득을 줄 수 있는지를 말한다.

이렇게 영업사원별로 질적 영역에 집중해 커뮤니케이션하려면 모두 똑같은 정량 지표로 평가하는 것이 아니라 영업팀의 역량을 끌어올릴 수 있는 질적 지표와 함께 영업팀의 상황에 맞는 코칭과 커뮤니케이션을 병행해야 한다. 결국 C사의 문제를 해결하려면 성과지표를 단순히 측정과 통제 그 자체에 초점을 맞출 것이 아니라, 목표 설정(방향성 제시), 업무 수행(행동 기준), 진단 피드백(수행 과정에서의 지속적인 커뮤니케이션) 도구로 활용해야 하는 것이다.

많은 기업이 범하고 있는 실수 중 하나가 모든 영업팀의 성과를 똑같은 잣대로 관리하는 것이다. 영업이라고 해도 지역이나 상황에 따라 각자 성과를 극대화하기 위한 접근 방법은 다 다르기 마련이다. 마치 각자 몸의 크기는 다른데 같은 사이즈의 옷을 입혀 놓고 똑같은 관점으로

목표 수립 과정에서성과 목표 수준 설정에 대한 지침 및 기준으로서의 역할을 함

잠재적 문제의 조기 발견, 성과 목표 수준 달성도에 대한 모니터링, 개선 필요 분야의 확인 및 피드백을 위한 기초로 활용됨

목표 설정

진단 피드백

업무 수행

업무의 우선순위 결정, 성과의 극대화를 위한 행동 준거로 작용함

바라보는 것과 같다. 자신의 몸에 안 맞는 옷을 입은 영업사원 입장에서는 답답할 노릇이다. 특히나 코로나 이슈로 각 영업영역, 지역별 성과의 차이, 그리고 변화가 다르기 때문에 이러한 이슈는 더욱 부각되기 마련이다.

물론 동일한 잣대로 성과를 관리하면 '매출 증대'라는 공동의 목표를 가져갈 수는 있을 것이다. 그러나 각 영업팀(지역별, 영역별 상황 고려)의 상황에 맞게 현실성 있는 세부 지표로 관리한다면 목표를 보다 효율적으로 달성할 수 있을 것이고, 각 개인 역시 현 상황과 조직의 전략에 맞게 움직일 수 있을 것이다.

솔루션 #3. 평가 및 보상 시스템을 바꿔라.

전통적인 평가 보상 방식은 세계대전 당시 미군의 '메리트 시스템merit

system'이 그 시초라 할 수 있다. 메리트 시스템은 저성과자를 판단하고 재배치하거나 퇴역시키는 용도로 사용됐다. 그리고 2차 세계대전을 거쳐 이처럼 저성과자를 판단하기 위한 평가, 보상 중심의 성과관리는 미국 내 90% 이상의 기업들이 도입해 사용하게 됐다. 90년대 많은 기업이 벤치마킹했던 GE의 상대평가 제도인 강제배분방식the forced-ranking system이 대표적이다. GE는 개인의 성과에 대한 책임을 강조했고, A, B, C 등급으로 직원들을 구분해 A등급 인재는 보상하고, C등급 인재는 퇴출시켰다. 5

하지만 디지털 트랜스포메이션의 영향과 경영환경의 복잡성 증대 등으로 인해 최근에는 기업의 평가 및 보상시스템도 일대 전환을 시도하고 있다. 상대평가가 폐지되고 OKRObjective and Key Results 등을 도입하는 기업이 늘어나는 것이 대표적인 사례. 기업들이 이같은 변화를 택하는 이유는 우선 과거 시스템의 한계가 명확해지고 있기 때문이다. 연초에 목표를 설정하고 1년 혹은 반년에 한번 평가해 보상하는 시스템은 코로나 시대에는 더 이상 맞지 않는 옷이 돼 버렸다.

> **OKR** 인텔에서 시작되어 구글을 거쳐 실리콘밸리 전체로 확대된 성과관리 기법으로, 조직적 차원에서 목표objective를 설정하고, 결과key results를 추적할 수 있도록 해주는 목표 설정 프레임워크

하지만 이런 변화의 흐름 속에서도 다수의 기업은 여전히 과거의 성과평가 모델에 머물러 있다. C사 역시 마찬가지다. C사의 성과관리 형태는 전형적인 보상을 위한 정량지표에만 집중돼 있다. 또한 연초에 한

번 설정된 목표로 영업팀을 압박하고 관리하는 것에만 초점이 맞춰져 있다. 보상도 마찬가지다. C사의 경우 개인 인센티브가 있기 때문에 상대평가로 등급을 나눠 보상하고 있다. 그러나 영업은 개인의 역량도 중요하지만 환경과 여러 변수를 고려해야 한다. 연초에 세운 목표가 변화하는 환경에 맞지 않을 수도 있고 또 담당하는 지역이나 고객의 상황에 따라서도 유연한 대응이 필요하기 때문이다. 따라서 영업조직의 경우도 1년 단위로 성과 달성 여부에 따라 개인별 보상을 하기보다는 분기 단위 목표설정과 팀 단위 보상 등의 형태로 변화하는 환경에 맞춰 유연하게 대응하는 접근방식이 필요하다.

CASE STUDY [Adobe] 체크인 방법과 프로세스

참고할 만한 사례로 어도비Adobe의 체크인Check in을 꼽을 수 있다. 어도비는 클라우드 방식의 제품 영업에 있어 기존과 같이 연간 한 번 진행하는 평가 방식은 너무 느리고 시간도 많이 소요된다는 것을 깨달았다. 또한 연초에 직원들이 제시하는 KPI의 달성 가능 여부가 시장 상황에 따라 달라지는데 기존 시스템은 이를 제때 반영하지 못한다는 문제점도 발견했다. 이러한 문제를 해결하고자 2013년부터 도입한 시스템이 바로 체크인이다.

어도비의 체크인 방식은 최소 분기에 한 번은 매니저와 팀원이 분기 성과 리뷰 미팅을 진행하도록 하고 있으며, 더 자주 리뷰 미팅이 이뤄지는 경우도 있었다. 성과지표 설정을 위한 별도의 양식이 있는 것이 아니라 매니저와 팀원이 협의해 자유롭게 정할 수도 있다. 즉, 형식에 얽매이는 것이 아니라 실제 진행되는 업무를 중심으로 개선과 성과 향상에 초점을 맞춰서 커뮤니케이션하는 것이다. 또한, 일반적인 성과평가와 달리 등급이나 점수를 부여하지 않는 것도 특징이라 할 수 있다.

어도비는 체크인 도입 후 여러 긍정적인 변화와 성과를 거뒀다. 가장 큰 변화는 기존 성과 평가의 부정적인 특성이 개선됐다는 점이다. 기존의 성과 평가는 연 1회 평가와 보상을 위해 어쩔 수 없이 부족한 부분을 강조하는 부정적인 미팅이 될 수밖에 없었으나, 체크인 방식은 개인의 성과 개선과 발전을 위한 대화를 통해 긍정적인 분위기 조성이 가능했고, 상황에 따라 수시로 목표를 점검했기 때문에 신속한 대

Check-in 프로세스

1. 연초에 매니저와 팀원 간의 미팅을 통해 기대목표Expectation를 설정한다.

   *단, 기대목표는 주기적으로 검토하고 조정 가능함.

2. 매니저와 팀원의 피드백 미팅은 분기에 최소 1회 진행해야 한다. 피드백은 성과 Performance에 집중하여 제공하며, 정해진 미팅 시간 외에도 필요할 때마다 수시로 진행함으로써 역량향상, 성과개선을 위한 노력을 기울인다.

3. 목표설정이나 피드백 시 정해진 틀이나 형식은 없으며, 과거와 같은 리뷰리포트 등의 형식적인 절차는 지양한다.

4. 상대평가를 위한 랭킹, 점수 등은 없다.

응이 가능하게 된 것이다. 퇴사율은 30% 감소했고, 무엇보다도 리더들이 성과 평가를 위한 보고서 작성에 소요하던 8만 시간을 절약할 수 있게 되었다. 6

코로나 시대에는 기존의 정형화된 성과 측정 방식에 머무르기보다는 미래 역량 향상에 초점을 맞춰서 유연하게 대응하고 변화해야 할 것이

▍기존 성과평가 방식과 체크인 방식의 차이

구분	연간 성과 평가 방식	체크인 방식
목표 설정	• 연초에 세운 뒤 수정없이 진행	• 기대목표를 세우고 매니저와 함께 정기적으로 논의하여 수정 보완함
피드백	• 시간이 오래 걸리며, 별도로 성과 평가에 대한 근거, 결과 등을 서면으로 작성, 피드백은 1회성으로 진행(부정적 경험)	• 형식적인 서류작성이 불필요하며, 리더와 팀원간의 지속적인 대화가 핵심임
평가와 보상	• 연봉과 인센티브 등을 결정하기 위해 복잡한 점수화, 순위를 매기는 과정 필요	• 형식적인 평가, 순위, 점수화 과정이 없음 • 성과를 기반으로 한 연봉 결정 (절대평가) *전체 예산 내에서 의사결정
피드백 주기	• 피드백 시기가 인사팀 주관하에 년 1~2회 가량 정해지며, 형식적으로 진행, 연말 보상을 위한 피드백이 대부분임	• 최소 분기별 1회 이상 진행되며, 팀원 생산성, 역량 향상에 집중하여 지속적으로 이뤄짐
교육	• 매니저 코칭과정 등이 HR 부서로부터 제공됨(정규 집합 과정)	• 교육 뿐만 아니라 실시간으로 매니저 코칭에 대한 지원, 질의응답이 이뤄짐(*대면, 비대면)

출처: https://www.adobe.com/check-in.html

다. 이때 과거의 잘한 점에 대해서 어떤 점이 좋았는지, 부족하거나 개선해야 하는 점은 어떤 것인지 등의 의견을 나누는 것은 대단히 중요하다. 더욱 중요한 점은 여기서 나온 개선점을 어떻게 향후 미래 전략에 적용할 것인가 하는 것이다. 그렇기 때문에 코로나 시대에는 리더의 '코치로서의 역할'이 더욱 중요해진다. 단순히 평가하고 보상하는 것은 누구나 할 수 있다. 이제는 현 시점의 이슈나 어려움을 영업팀과 함께 고민하고 방향을 제시하는 파트너로서의 자세가 요구되고 있다.

뉴노멀 시대, 세일즈 리더가
생각해야 할 '성과관리' 포인트

앞서 포스트 코로나 시대에 영업조직이 성과지표를 어떻게 관리해야 할지 살펴보았는데 지금부터는 코로나 시대에 리더들이 생각해봐야 할 리더십 포인트를 논하고자 한다.

통제할 것인가? 자율성을 부여할 것인가?

"기본적으로 영업팀이 뭘 하고 다니는지 모르겠습니다. 영업일지도 제가 확인하지 않으면 제대로 작성하지 않을 거예요. 그래서 우리 회사는 일일 고객 방문 횟수를 지정해서 일일 단위로 모니터링하고 통제하고 있습니다. 우리 회사의 신 사업 매출이 저조한 것도 영업팀이 적극적으로 판매를 하고 있지 않기 때문입니다. 이에 대한 책임을 영업 리더들에게 물을 예정입니다."

필자들이 어느 회사의 경영진과 나눈 실제 인터뷰 내용 중 일부이다. 이 회사의 영업팀을 며칠 모니터링해 보니, 영업팀의 최우선 과제가 마치 '경영진으로부터 질타를 적게 받는 것'처럼 느껴졌다. 실제로 영업사원들은 실질적인 영업활동보다는 눈에 보이는 영업일지 작성과 불필요한 고객사 방문(코로나 발생 이후에는 고객 콜드 콜이나 화상미팅) 등의 무의미한 영업활동을 반복하고 있었던 것이다. 고객 입장에서도 별 소득 없는 영업사원과의 미팅을 달가워할 리가 만무하였다. 오히려 이러한 영업활동이 디브랜딩의 역효과를 내는 경우도 있었다. 더 심각한 것은 직원들의 인식과 태도였다. 모니터링 도중 어떠한 문제점이 발견되어 '왜 조치하지 않냐'고 물었을 때 한 직원은 이렇게 답변했다. "글쎄요. 저도 처음에는 말씀하신 문제점에 대해서 개선안을 제시했죠. 하지만 돌아온 답변은 "그건 너의 일이 아니다. 넌 고객 만나는 것에만 집중해라." 였습니다." 영업사원은 푸념하며 한숨을 내쉬었다. 결국 대부분의 영업사원들은 회사의 목표 달성에 집중하지 않고, 매일 고객 방문 횟수를 채우며 시간을 때우거나 이직을 생각하고 있었다.

이처럼 이미 많은 영업조직이 신뢰와 믿음에 인색한 문화에 익숙해져 있는 것은 아닐까? 과거에 리더들의 기본적인 인식은 구성원을 믿지 못하고 통제의 대상으로 바라본다는 의미의 'X이론'을 기반으로 했다. X이론에 따르면 인간은 기본적으로 노동을 싫어하고 경제적인 동기에 의해서만 일을 하는 존재라고 한다. 따라서 근로자는 신뢰할 수 없으며, 엄격한 감독과 통제, 관리와 금전적 보상에 의해서만 움직인다고 생각한 것이다. 반면 'Y이론'은 인간에게 노동은 단순히 경제적 보상을 위한 것만이 아닌, 자기 능력을 발휘하고 자아를 실현하기 위한 것으로 인식한

다. Y이론에 따르면 경영자는 근로자에게 자율적이고 창의적으로 일할 수 있는 여건을 제공해야 한다. 7

과거에는 통제와 관리에 초점을 맞춘 성과 관리가 가능했을지도 모른다. 단순히 시스템 내에서 어떤 것이 잘못되었는지 모니터링하고 표준화된 업무 방식을 적용하기만 하면 성과를 낼 수 있었기 때문이다. 또한 이러한 통제 시스템은 경영진으로 하여금 회사를 제대로 운영하고 있다는 믿음과 만족감은 물론, 관리, 모니터링에서 오는 안도감까지 주기 때문에 더 쉽게 포기하기 어려웠다. 즉, 경영진은 이러한 획일화된 시스템이 더 효율적이고 성과를 극대화할 수 있다고 믿었기 때문에 영업팀에 책임과 자율성을 부여하기 어려웠던 것이다. 하지만 지금과 같은 코로나 시대에는 경영진들이 모든 것을 통제하고 관리한다는 가정 자체가 불가능에 가깝다. 리모트 셀링의 업무환경, 그리고 시시각각 변화하는 시장 환경과 고객의 니즈에 적절하게 대응하려면 오히려 직원들을 신뢰하고 적절하게 위임하는 것이 더 효율적이기 때문이다. 그러므로 경영진은 통제와 관리가 아닌, 현재의 영업전략과 방향이 회사의 전략에 맞는지 영업팀과의 주기적인 미팅을 통해 판단하고 발전시켜 나가는 데 집중해야 한다.

영업팀을 신뢰하지 않는 회사의 경영진들은 그들이 제대로 일하지 않고 있다는 전제하에 본인들이 선발한 직원들의 능력이 부족하거나 혹은 믿을 수 없다고 생각한다. 전제부터 잘못된 것이다. 제대로 된 영업팀을 선발했다면 그들의 성과를 극대화할 수 있는 환경을 만들어줘야 한다. 말로는 권한과 책임을 주었다고 하지만 매일 고객을 몇 번이나 방문했는지 체크하고, 제대로 일하고 있는지 마이크로 매니지먼트하려 한다면 영업팀은 절대 주도적으로 일할 수 없다. 더욱이 2020년 한 해 동안 우리는 급격한 변화를 직접 경험했다. 이렇게 급변하는 경영환경과 불확실성에 능동적으로 대응하기 위해서는 통제와 관리가 아니라, 신뢰를 기반으로 구성원들이 주도적인 영업을 할 수 있는 분위기를 만들어줘야 한다. 여기서 자기 주도적이라는 단어를 오해해서는 안 된다. 자율성을 부여한다는 것은 룰이 없다는 뜻이 아니다. 조직의 룰과 프레임워크 안에서 자율성을 갖는 것을 의미한다.

신뢰와 자율의 힘은 우리가 생각한 것보다 더 많은 영향을 미친다. 신뢰의 힘이 성과에 어떤 영향을 미치는지 실험을 한 사례가 있어서 소개하고자 한다. 어느 한 실험에서 연구원들은 관리자들에게 임의로 한 직원을 골라 '우수하다'고 칭찬하며 성과 목표를 높이도록 했다. 그리고 3~12개월이 지난 후, 칭찬을 받은 직원들을 살펴보니 실제로 우수 직원이 되어 있었다. 미 해군 장교 후보생, 중공업계 직원들을 대상으로 한 연구에서는 직원의 12~17%가 피그말리온 효과로 인해 우수한 수준에서 일을 수행했다고 한다. 이처럼 직원들은 목표, 사명감 그리고 조직에서의 전폭적인 신뢰를 받게 된다면 더 많은 성과를 달성할 수 있다. [8]

이번에는 자율의 힘에 관한 연구 결과를 살펴보자. 한 트럭회사가 관리자들을 두 그룹으로 나눠서 실험을 진행했다. 한 그룹은 직원들이 서비스의 보장 범위, 고객 불만 처리 방법 등을 자율적으로 판단하여 선택할 수 있도록 하였고, 다른 한 그룹은 관리자들이 모든 결정을 내리고 구성원들은 지시사항만 따르도록 하였다. 결과는 어땠을까? 4개월 뒤, 자율성을 부여한 그룹은 조직몰입도와 직무 만족도가 높아져 있었고 사고빈도도 감소하였다고 한다. [9]

이처럼 신뢰와 자율이 기반이 되는 조직은 '한 번 해보자'라는 긍정적이고 진취적인 분위기가 조성된다. 영업조직의 최일선에 있는 구성원들사이에 이러한 분위기가 조성되어 있다면 지속적인 도전과 혁신, 업무의 개선이 보다 활발하게 일어나게 될 것이다. 강압과 통제, 관리로 혁신을 하려는 기업은 진정한 의미에서의 성공과 혁신을 이뤄낼 수 없다. 하버드 경영대학원이 혁신기업들을 분석한 결과, 지속적으로 혁신하는기업들은 모두 자율의 문화가 기반이 되고 있었다. [10] 아직도 영업은 통제하고 관리하지 않으면 성과를 내기 어렵다고 생각하는 리더가 있을지도 모르겠다. 그러나 코로나 시대에 살아남기 위해서는 혁신은 필수적이다. 이것이 리더가 통제와 관리의 관점에서 벗어나야 하는 결정적 이유다.

여러분은 X이론 신봉자인가, 아니면 Y이론을 기반으로 팀을 이끌고있는가? 이 글을 읽는 리더들은 자신이 어떤 생각을 기반으로 팀을 이끌고 있는지 한 번쯤 생각해 보기를 바란다. 그리고 포스트 코로나 시대에영업팀을 이끌어 가기 위해서 전제되어야 할 조건이 무엇인지도 함께생각해 볼 것을 권한다.

외재적 동기 vs 내재적 동기

많은 기업들이 성과관리에 어려움을 겪고 있다. 특히 평가와 보상에서 이슈가 발생한다. 최근 들어 몇몇 대기업에서 구성원들이 보상 이슈로 반발하는 케이스가 발생하고 있는데 이것도 결국 성과관리, 지표를 어떤 관점으로 바라보고 다룰 것인가의 이슈이다. 문제는 거의 대부분의 기업들이 성과지표를 통해 수치화한 성과를 단지 구성원들의 보상에 차별성을 부여하기 위한 도구로만 활용한다는 것이다. 그러나 수치만으로 구성원을 평가하고 이를 보상의 수단으로 활용할 경우, 그 결과가 실제 경영성과와 상관없는 잘못된 결과라고 하더라도 모든 이가 그것을 추구하게 되는 부작용이 발생한다. 이것은 제대로 된 동기부여라 할 수 없다. 실제로 구성원들은 단순히 금전적 인센티브만을 추구하지는 않는다. 그렇다면, 포스트 코로나 시대에 우리는 성과관리에 있어 어떠한 방향성을 추구해야 할까?

코로나 시대에 성과를 획일화하여 평가하는 건 어려운 일이다. 환경이 변화하고 있고, 그에 따라 일하는 방식도 변했기 때문이다. 지금은 과거에 그랬던 것처럼 구성원들이 일하는 것을 단순히 성과지표로 수치화하기보다는 보상과 평가를 분리하는 것이 더 효율적이다. 때문에 금전적인 외재적 동기보다 성장과 개선, 문화, 자율성 등 내재적 동기에 집중해야 한다. 구성원들은 보상이 아닌, 성장과 개선을 위한 피드백에 동기부여를 받을 수 있고, 그래야만 방향성을 진단하고 앞으로 나아갈 수 있게 되기 때문이다. 또한 재택근무를 하는 상황에서 과거처럼 리더가 구성원들을 디테일하게 관리하기가 힘들어졌기 때문에 구성원들이 스스로 나아갈 수 있는 힘인 내재적 동기를 심어주는 것은 더욱 중요해졌다.

혹자는 '영업조직은 숫자로 말하는 조직인데 외재적 동기보다 내재적 동기가 중요하단 말은 동의할 수 없다'고 생각할 것이다. 하지만 다음 상황을 보면 생각이 달라질 게 분명하다. 영업사원 A는 회사에서 누구나 인정하는 에이스다. 하지만 코로나 이후에 성과지표는 바닥을 치고 있다. 인사고과에서도 좋은 성적을 거두기 어려운 상황이다. 자신이 담당하고 있는 지역에 코로나가 장기화되면서 영업성과가 곤두박질쳤기 때문이다. A는 회사의 지침을 따르며 그저 열심히 일했음에도 불구하고 저성과자로 구분되고 있다는 점에 좌절했다. 더욱이 성과가 떨어지면서 회사에서는 통제와 관리의 대상이 되어 엎친 데 덮친 격으로 의욕까지 상실한 상태다. A의 팀장은 A에게 동기부여를 해주고 싶지만 딱히 방법이 떠오르지 않는다. 회사에서는 단순히 성과지표만으로 피드백하고 보상하고 또 인정하고 있기 때문에 A에게 동기부여를 하기 어려운 상황이 된 것이다.

여러분이 A의 팀장이더라도 동기부여하기가 쉽지 않을 것이다. 문제는 단순히 보상을 적게 받은 데에 있지 않다. 성과지표를 획일화하여 외재적 보상만을 동기부여의 수단으로 삼은 회사의 방침과 시스템에 있다. 팀장의 입장에서는 보상은 적더라도 성과에 대한 인정과 자율성을 줌으로써 동기부여할 수 있다면 A의 근무의욕을 조금이나마 고취시킬 수 있겠지만, 회사의 방침이나 시스템이 바뀌지 않는 한 그럴 수 있는 상황도 아니다. 더욱이 코로나라는 변수가 있음에도 불구하고 과거와 같은 지표로 획일적으로 성과를 평가하고 이를 기반으로 한 관리와 피드백을 받아야 한다면 A는 성장과 성취라는 내재적 동기부여 요소를 찾기 어려울 뿐만 아니라 회의감까지 들 수 있는 상황이다.

실제 외재적 동기와 내재적 동기에 대해서 구성원들의 생각을 들어보면 왜 우리가 외재적 동기보다는 내재적 동기에 포커스해야 하는지 더 명확해진다. 다음은 H사의 서비스 조직 구성원 349명을 대상으로 한 조직진단 결과 중 일부다. 설문 결과를 보고 우리는 재미있는 점을 하나 발견할 수 있었다. 조직의 리더들은 구성원들이 중요하게 생각하는 동기부여 포인트가 소속감 혹은 금전적 보상, 복지혜택(약 20%)이라고 생각하였다. 하지만 대부분의 구성원들은 금전이나 복지보다는 문제해결(성장과 성공적 경험), 고객들의 긍정적 피드백(약 94%)이 더 중요하다고 답변한 것이다. 금전적 보상, 소속감 등이 더 중요하다는 답변은 단 3%에 불과했다. 이 설문결과가 모든 조직을 대변할 수는 없겠지만, 적어도 구성원들이 단지 외재적 동기만을 좇지는 않는다는 것을 확실히 확인할 수 있다.

내재적 동기의 중요성은 로체스터 대학University of Rochester의 에드워드 디시Edward L. Deci 교수가 1971년에 진행한 실험에서 보다 명확하게 나타난다.

그는 내재적 동기(자신의 관심과 흥미)로 인해 성과를 내던 사람이 외재

Q. 업무를 하면서 가장 보람(만족)을 느끼는 점은?

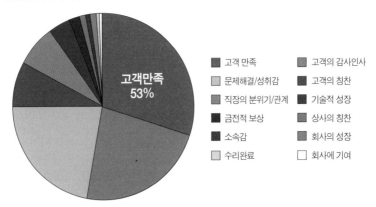

구분	응답자	비중
고객 만족	105	30%
고객의 감사인사	80	23%
문제해결/성취감	78	22%
고객의 칭찬	28	8%
직장의 분위기/관계	24	7%
기술적 성장	15	4%
금전적 보상	8	2%
상사의 칭찬	5	1%
소속감	2	1%
회사의 성장	2	1%
수리완료	1	0%
회사에 기여	1	0%
총합계	349	

출처: H사 서비스조직의 설문 결과(2020)

적 보상(금전이나 다른 보상)을 받게 되면 성과가 떨어질 것이라는 가정하에 실험을 진행했다. 실험은 참가자들을 두 그룹으로 나눠 소마 퍼즐을 맞추게 하는 것으로 진행됐는데, 실험을 하는 동안 참가자들은 퍼즐 조각을 사용하여 종이에 그려진 다양한 그림을 재현할 것을 요청받았다. 그리고 과제를 수행하는 공간에는 퍼즐 맞추기에 집중하는 것을 방해하는 뉴요커, 타임, 플레이보이 등의 읽을 거리를 놓아두었다. 연구진들은 학생들에게 퍼즐 문제를 낸 후 퍼즐 완성시간을 측정하였다. 실험은 3일 동안 진행되었는데, 1일차에는 두 그룹 모두 퍼즐 퀴즈만 풀게 했고, 2일차에는 제한된 시간내에 퍼즐을 완성할 때마다 한 그룹에만 1달러씩을 제공했고, 다른 그룹에게는 아무 대가도 제공하지 않았다. 마지막 3일차에는 두 그룹에게 모두 보상을 제공하지 않았다.

실험을 진행하는 동안 연구진은 참가자들에게 8분의 자유시간을 부여했다. 바로 이 시간에 두 그룹의 차이가 확연히 드러났다. 한 번도 보상을 받지 않았던 그룹은 자유시간에도 자유롭게 퍼즐을 가지고 놀았지만, 2일차에 보상을 받았던 그룹은 보상 전후로 다른 모습을 보였던 것이다. 보상이 주어진 2일차에는 자유시간동안 퍼즐을 맞추는 데 67.7초를 사용했지만 보상이 멈춘 3일차에는 현저하게 관심이 떨어진 모습을 보였고, 급기야 보상을 받지 않은 대조군과의 차이가 더 커지기도 했다. [11]

이 실험을 통해 외재적 보상, 즉 물질적인 보상으로 누군가의 행동을 바꾸거나 성과를 내려고 한다면, 동기부여에 오히려 역효과를 불러올 수 있다는 것을 확인할 수 있었다. 에드워드 디시Edward L. Deci 교수와 리차드 라이언Richard Ryan 교수는 이러한 내재적 동기를 지속해서 부여하기 위해서는 3가지 니즈를 충족시켜야 한다고 이야기한다. 바로 유능감competence, 자율성autonomy, 관계성relatedness이다. 먼저 유능감은 자신의 능력을 발휘하고 자신이 능력 있는 존재이길 원하는 욕구이다. 이는 성취감과 연관되어 있다. 우리가 어려운 과제에 도전할 때, 올바른 피드백을 받으며 하루하루 성장해 나간다면 비로소 우리의 역량을 향상시키고 성취수준을 높일 수 있게 될 것이다.

두 번째, 자율성은 업무를 수행함에 있어서 스스로 컨트롤하고자 하는 욕구를 의미한다. 관료주의적이고 수직적인 조직 구조에서는 자율성과 동기가 저해된다는 것을 앞선 C사의 사례에서도 확인할 수 있었다.

마지막으로 관계성은 다른 사람과 연결되어 있다고 느끼며, 그 안에서 소속감을 갖는 것을 의미한다. 동료들 사이에서 편안함, 연결되어 있음을 느낄 때 의견과 감정을 공유할 수 있고 내재적 동기 또한 충족할 수 있다. 특히나 코로나 시대에는 재택근무의 확산으로 인해 소속감을 느끼기 어려운 상황이 되었다. 이런 상황 속에서 리더들은 어떻게 해야 구성원들이 소속감을 느낄 수 있을지, 어떻게 하면 구성원들이 서로 연결되어 있다고 느낄 것인지 고민해야 한다. 즉, 구성원으로 하여금 관계성에 대한 욕구를 충족할 수 있게 만드는 것이 리더들의 중요한 이슈로 떠오른 것이다. 12

내재적 동기의 중요성은 이미 우리가 수없이 들어온 이론이지만, 코로나 시대에 더 깊게 고민해 봐야 할 이슈이기도 하다. 우리가 이번 챕터에서 살펴본 영업조직의 성과관리, 동기부여, 평가와 보상에 관련된 핵심 이슈가 바로 내재적 동기이기 때문이다. 영업조직의 리더들은 변화의 소용돌이 속에서 조직이 지향하는 바가 무엇이며, 어떤 경영 철학을 가지고 조직을 이끌어 갈 것인지 더 깊이 고민해 봐야 할 것이다.

Top down 목표설정 vs Bottom up 목표설정

많은 기업이 매해 10월만 되면 목표 설정을 위해서 많은 노력을 기울인다. 특히 영업조직은 목표, 전략을 수립하면서 밤샘 작업을 하기도 한다. 이렇게 기업들이 목표설정에 매달리는 이유는 회사의 목표와 조직의 목표, 각 개인의 목표를 정렬하면서 성과를 극대화하고자 함일 것이다. 그리고 두 번째로 관리의 효율화를 위한 것이기도 하다. 우리가 케이스에서 살펴본 바와 같이 관리자 입장에서는 숫자를 정해두고 이를 통제하는 것이 상대적으로 관리에 효율적이기 때문이다. 마지막 이유는 보상이다. 성과주의라는 명목 아래 GE의 Rank and Yank 시스템처럼 사람들을 1등부터 꼴등까지 줄 세우기하고 이를 바탕으로 보상하고, 또 퇴출 대상을 걸러내기 위한 것이다.

> **Rank and Yank** 회사가 직원을 서로 비교하여 순위를 매기는 프로세스Rank로, 최하위 순위를 기록한 직원들은 저성과자 프로그램 등을 통해서 퇴출시키는 방식Yank을 말한다. 13

하지만 직장 생활을 해본 사람은 모두가 목표설정과 성과관리의 오류를 경험해 봤을 것이다. 올해의 성과와는 상관없이 누군가는 승진할 때가 돼서, 누군가는 작년에 고과가 안 좋았다는 이유로 더 좋은 고과를 받기도 한다. 더욱이 기업에서 조직이나 개개인의 목표는 위에서 내려주는 경우가 많다. 애써 과거의 데이터, 시장의 성장률 등을 고려해 밤새 목표와 전략을 세워 팀장, 사업부장에게 보고를 하더라도 결국 위에서 내려주는 목표를 따라야 하는 것이 우리 기업들의 현실이다. 그러나 영업팀의 경우 이렇게 위에서 설정해주는 목표는 더더욱 의미가 없다.

최근에 공기청정기를 구매하기 위해 대형마트에 방문한 적이 있다. 한참을 둘러보고 있는데, 영업사원이 와서 제품 설명을 자세하게 해주었다. 마음을 먹고 결제하려고 하는데 영업사원이 이렇게 말했다. "고객님, 혹시 3일 후에 결제하시면 안 될까요? 제가 사은품 더 챙겨 드릴게요." 급하게 필요한 건 아니었고, 2~3일 기다린다고 크게 달라지는 건 아니라서 그러겠다고 답변하고 영업사원에게 물었다. "혹시, 이번 달 목표를 달성하신 건가요?" 영업사원은 이번 달 목표를 달성했고, 그래서 다음 달 실적을 위해 나중에 결제를 부탁한 것이라고 했다.

아마 이 글을 읽고 있는 영업팀 리더들은 실제로 이런 경험이 있거나 아니면 팀원들이 이렇게 하는 경우를 본 적이 있을 것이다. 기업들이 일방적인 목표 할당에 대해 다시 생각해 봐야 하는 이유다.

코로나 시대에는 일방적인 목표 할당이 어울리지 않는다. 물론, 재택근무가 많아진 탓에 자연스럽게 자율성이 증대될 수밖에 없다. 보이지 않는 곳에서 일하는데 팀장이 관리해 줄 수는 없지 않은가? 이제 리더들이 일방적으로 할당해주는 목표는 더 이상 통하지 않을지도 모른다.

목표 설정의 방법도 다시 고려해봐야 한다. 기본적인 목표 설정 프로세스는 다음과 같다. 먼저 최근 2~3년간의 회사 실적을 분석한다. 그리고 시장의 성장률 등을 고려하여 다가오는 미래 3년간의 실적을 예측한다. 그런데 이때, 범위를 어떻게 설정하느냐에 따라 전혀 다른 결과가 도출될 수 있다. 예를 들어 3년 전까지 업계의 상황이 좋지 못해서 성장이 더뎠는데, 작년 한 해 신상품 런칭으로 성장률이 급격하게 높아졌다고 가정하자. 그러면 과거 5년 평균 성장률을 적용할 것인가? 아니면 작년 한 해 성장률을 반영하여 높은 성장 목표를 반영할 것인가? 회사 입장에서는 당연히 후자일 것이다. 그렇다면 우리는 합리적으로 목표를 예측하고 설정했다고 할 수 있을까?

한 실험에서 참가자들에게 어떤 교생의 수업을 묘사한 짧은 글을 나눠 주었다. 참가자들 중 A그룹은 해당 글을 참고해 수업의 질을 백분위로 평가하게 했고, B그룹은 같은 내용을 기반으로 5년 뒤에 교생이 어떤 위치에 있을지를 백분위로 평가하게 했다. 결과적으로, 두 그룹의 점수는 똑같았다. 다시 말해, 예측의 기반이 되는 정보(수업의 질)를 평가할 때나 미래에 대한 예측(5년 뒤 교사로서의 성공 여부)을 할 때나 큰 차이가 없다는 것이다. 대단히 극단적인 예시이지만, 우리가 과거의 성과를 기반으로 미래의 성과를 예측하는 것도 크게 다르지 않다. 결국 우리는 하나의 정보만으로 미래를 예측하게 된다. 변화하는 상황을 고려하지 못하고, 기존의 성과를 기반으로 목표를 설정하는 등 맥락보다는 단편적인 이슈만을 고려할 수밖에 없기 때문이다. [14]

성과에 대한 평가, 예측은 이렇게 극단적일 수 있다. 그리고 예측은 부정확할 수밖에 없다. 더욱이 코로나가 언제까지 이어질지 모르고 또 소비 트렌드가 어떻게 바뀔지 모르는 상황에서는 아무리 정교한 예측이라 할지라도 방향을 잃기 쉽다. 내가 담당하는 지역에 갑자기 코로나 변이 바이러스가 나타나서 목표가 의미 없어질 수도 있다. 미래를 예측할 수 없는 지금, 우리는 지금까지의 목표설정에 대해 한 번쯤 다시 생각해 봐야 한다. 앞에서 살펴본 것처럼 하나의 이슈나 리더에 의한 일방적인 목표설정 혹은 예측보다는 실무진에 의한 현실적인 목표설정과 합의에 대해 진지하게 고민해야 할 때인 것이다.

기계적 접근 vs 다양성 추구

우리는 그동안 지표를 통한 효율적인 관리, 매뉴얼, 기계화에 따른 프로세스만을 중시해왔다. 그래서 전략이나 정책 수립 등은 회사의 전략부서 혹은 리더들이 수립하고 현업에 있는 실무자들은 그것을 따르기만 하면 어느 정도 성과가 나왔다. 성과지표만으로 구성원들을 통제하고자 하는 것 역시 기계적으로 따르기만 하면 성과가 극대화될 수 있을 거라는 이른바 '과학적 성과관리의 유혹' 혹은 과거의 유산을 그대로 따르기 때문인지도 모른다. 예측 가능한 경영환경, 단순 작업으로 성과가 나오는 곳이라면 이러한 기계적 접근이 더 효율적일 수도 있다. 하지만 코로나와 같은 VUCA 환경에서도 그럴까? 아마도 그렇지 않을 것이다.

VUCA 변동성Volatility, 불확실성Uncertainty, 복잡성Complexity, 모호성Ambiguity의 약자로, 변동적이고 복잡하며 불확실하고 모호한 사회 환경을 말한다. 1990년대 초반 미국 육군 대학원the US Army War College에서 처음 사용되기 시작했다. 15

기계적 접근은 오히려 창의력을 떨어뜨리고 사고의 깊이를 낮추는 부작용이 있다. 뉴욕주립대 교수이자 심리학자인 에이브리험 사무엘 루친스Abraham Samuel Luchins가 실시한 일련의 실험은 이러한 기계적 접근의 영향력을 극명하게 보여준다. 루친스는 '물 항아리 문제'로 실험을 진행했다. 이 실험에는 3개의 항아리가 사용됐다. 항아리 A에는 21잔, 항아리 B에는 127잔, 항아리 C에는 3잔의 물을 각각 담을 수 있다. 이 3개의 항아리 중 하나에 정해진 양의 물을 채우는 것이 문제였다. 루친스는 참가자들에게 한 항아리에 정확히 100잔의 물을 담는 방법을 문제로 냈다.

해답은 다음과 같다. 항아리 B를 물로 가득 채운 뒤, 항아리 B의 물로 항아리 A를 채운다. 그러면 항아리 B에는 106잔의 물이 담긴다. 이제 항아리 B의 물로 항아리 C를 채운다. 항아리 C에 담긴 물을 버리고, 이 과정을 한 번 더 반복한다. 그러면 항아리 B에 100잔의 물이 남게 된다. 이러한 문제가 총 6개 출제됐다. 문제를 몇 번 풀어본 참가자들은 모든 문제에 적용되는 공식 하나를 발견했다. 항아리 B의 물로 항아리 A를 채우고, 그런 뒤에 항아리 B의 물로 항아리 C를 두 번 채우는 것이 일종의 규칙이었다. 참가자들은 모든 문제에 같은 규칙을 적용해 문제를 풀었다.

그러나 루친스는 참가자들에게 아무런 암시를 주지 않고, 해결방식에 변화를 주어 다섯 개의 문제를 제시했다. 항아리 A에 14잔, 항아리 B

에 36잔, 항아리 C에 8잔의 물을 담을 수 있다고 하자. 만약 한 항아리에 6컵의 물을 담으려면 어떻게 해야 할까? 물론, 이 문제에도 이전의 규칙을 적용할 수 있다. 항아리 B의 물로 항아리 A를 채우면 항아리 B에는 22잔의 물이 남는다. 그 후에 항아리 B의 물로 항아리 C를 두 번 채우면 정확히 6잔이 남는다. 그러나 훨씬 더 쉬운 방법이 있다. 항아리 A에 물을 채우고, 이것을 항아리 C에 담으면 항아리 A에 6잔의 물만 남는 것이다. 그런데도 참가자의 무려 83%가 기존의 방법을 그대로 적용했다. 대조집단에서는 앞선 실험을 건너뛰고 바로 새로운 문제를 냈는데, 80%의 참가자들이 쉬운 방법을 활용했다고 한다. [16]

이처럼 우리는 어떤 방식에 익숙해지면 계속해서 그 방법을 차용하는 나쁜 습관을 갖고 있다. 그러나 이런 나쁜 습관은 빠르게 태세를 전환해야 하는 코로나 시대와는 어울리지 않는다. 즉, 변화무쌍한 코로나 시대에 과연 우리가 기계적인 접근으로 문제를 해결할 수 있을지 다시 한 번 생각해봐야 할 때다. VUCA 시대엔 보다 유연한 사고와 다양성이 추구되어야 한다. 앞서 살펴본 성과지표의 사례가 대표적으로 기계적인 접근, 프로세스화의 전형인데, 이제 기계적으로 접근하기보다 현업의 목소리를 더 듣고 새롭고 다양한 방법을 적용해 봐야 할 때가 온 것이다.

구분	체크리스트
성과지표	☐ 변화된 환경(비대면 영업환경)에 맞는 지표가 설정되어 있는가?
	☐ 표준화, 보상에 초점을 맞춘 '평가를 위한 평가'를 하고 있지는 않는가?
	☐ 회사가 지향하는 목표와 연결(정렬)되어 있는가? 잘못된 지표로 보상하고 있지는 않는가?
	☐ 측정지표의 맹신에 사로잡혀 있지는 않는가?
성과관리	☐ 위에서부터 일방적인 목표를 할당하고 있지는 않는가?
	☐ 년 단위로 형식적인 성과관리, 피드백이 진행되고 있지는 않는가?
	☐ 주기적인 피드백, 성장, 개선에 포커스를 두고 있는가?
일하는 방식의 변화 측면	☐ 나는 통제와 관리에 초점을 두고 조직을 이끌어 가고 있지 않는가?
	☐ 내재적 동기 요인인 자율성, 역량, 관계성을 고려하여 조직을 운영하고 있는가?
	☐ 기계적으로 접근하고 있는가? 다양성을 추구하는가?

4장

세일즈 뉴노멀 #4
'육성과 코칭의 변화'

뉴노멀 시대, 영업 리더의 역할과 필요역량은 무엇인가?

코로나19가 장기화됨에 따라 리더들에게 또 하나의 과제가 생겼다. 과거와는 전혀 달라진 비대면 상황에서 '어떻게 구성원들을 코칭하고 피드백해야 하는지'이다. 환경이 바뀌어도 코칭의 핵심은 변하지 않는다. 코칭의 핵심은 '어떻게 하면 더 나은 성과를 낼 것인가'에 있다. 하지만 환경 변화에 따라서 리더십에 변화가 필요한 부분도 분명 있다. 기존에 하던 방식이나 기존의 사업과 관련된 고정관념과 가정에 입각해 행동하기보다는 이러한 가정을 깨트리려는 노력과 함께 새로운 관점이 필요한 때이다.

앞서 우리는 코로나 시대에 영업조직이 일하는 방식과 리더의 목표설정, 성과관리 방법 등에 대해서 살펴보았다. 지금부터는 코로나 시대에 영업 리더들이 갖춰야 할 역량과 함께 영업조직의 구성원을 어떻게 이끌어야 하는지 살펴보도록 하자.

*Story구성은 실제 현장 기업 사례를 토대로 하되, 일부 세부 내용/정보를 각색한 것

건강식품 제조회사에서 영업팀을 이끌고 있는 K팀장은 사원시절부터 남다른 성과를 보여온 인물이다. 특히 불도저같은 추진력과 친화력을 바탕으로 국내/외 영업 가리지 않고 탁월한 성과를 보이며 승승장구해왔다. 국내 영업팀을 이끌어 왔던 그는 작년 코로나19가 발병한 후부터는 해외 영업조직의 일부까지 담당하게 되면서 눈코 뜰 새 없이 바쁜 하루하루를 보내고 있는 상황이다. 어느 영업조직이나 마찬가지겠지만 문제는 역시 실적이었다. 영업은 '숫자로 말하는 조직'이라는 이야기가 있을 정도로 실적이 중요한 부서인데, 아무래도 코로나19의 영향에서 벗어날 수 있는 상황이 아니다 보니 실적을 내기가 어려웠던 것이다. 천하의 K팀장도 스트레스로 인해 평소 안 마시던 술까지 마실 정도로 몸과 마음이 지쳐 있는 상황이었다. 특히 코로나로 인하여 해외 수출이 줄어들면서 팀의 매출 지표는 점점 나빠지고 있었으며, 덩달아 K팀장의 입지도 좁아지고 있었다. 설상가상으로 회사에서 재택근무를 장려한 후부터는 영업사원들의 실행력이 떨어지는 것만 같아서 K팀장은 마음만 조급해지고 있었다. 마음 같아서는 영업사원 때처럼 직접 나서서 영업을 하고 싶은데 자신이 직접 모든 일에 관여하기 어려운 상황이기도 하고, 더욱이 코로나19로 인해 변화된 영업환경에 선뜻 나서기도 애매하다. 여태까지 카리스마 있는 영업 스타일과 리더십으로 문제를 해결해 왔는데 재택근무 상황에서는 직원들과의 커뮤니케이션도 원활하지 않다는 느낌이 들었다.

어디서부터 잘못된 것일까? 다음은 직원들을 독려해 신시장을 개척하겠다고 다짐한 K팀장이 해외 영업 담당 D대리, J대리와 진행한 화상 미팅 대화 내용이다.

K팀장 D대리, 어제 제출한 온라인 화상회의 결과 보고서 잘 받았어. 혹시 별다른 특이사항은 없었나?

D대리 네, 큰 사고없이 잘 끝났습니다.

K팀장 보고서에는 몇몇 바이어들이 흥미를 보였다고 쓰여 있던데, 혹시 매출로 이어질 만한 바이어는 없었나?

D대리 스페인쪽 바이어가 질문을 몇 개 하기는 했는데, 바이어들이 모두 모여 있는 회의실이기도 했고, 저희가 아직 스페인에 진출하지 않아서 그들의 검역 조건을 잘 모르다 보니 대응이 조금 미흡하긴 했습니다.

K팀장 아니, 사전에 제대로 준비하고 진행한 거 아니었어? 같이 참석한 J대리는 뭐 하고 있었던 거야? 관심을 가지면 따로 상담을 했어야지! 왜 이렇게 추진력이 떨어지는 거야!

J대리 아… 저희가 아직 화상 설명회가 익숙하지 않다 보니 스페인 바이어만 따로 불러서 미팅하는 게…

K팀장 그럼 다음 미팅 스케쥴은 잡았나?

D대리 그것도 아직…

K팀장 D대리! 도대체 업무를 어떻게 처리하는 거야? 사전 준비도 제대로 안 되어 있고, 팔로우업도 안 하고! 올해 우리팀 매출현황 안 보이나? D대리, J대리 두 사람이 목표달성률이 가장 낮은데, 대체 무슨 생각으로 영업을 하고 있는 거야?

D대리 & J대리 …

K팀장 재택근무는 제대로 하고 있는 게 맞나? 매번 제안서 기획이네, 작성 중이네 하는데, 오늘부터 일일 업무보고는 구체적으로 어떤 업무를 했는지 적고 파일 첨부해

서 제출해. 정말 답답하네.

D대리 & J대리 네… 알겠습니다.

화상회의가 종료된 후

D대리 진짜 못 해먹겠네. J대리, 팀장 또 왜 저러냐?

J 대리 요즘 위에서 실적 압박 장난 아닌가 봐요. 임원 후보였는데 팀 확대해서 맡은 후로는 실적이 안 따라주니까 그런 거 같아요.

D대리 지금처럼 변화된 환경에서 영업하는 게 쉬운가? 아니, 우리가 이러면 말만 하지 말고 좀 도와주든가… 환장하겠네.

J 대리 차라리 저희끼리 진행하고 보고하는 게 나아요. 팀장님이 미팅 들어오면 일이 더 생기죠. 그렇다고 화상 툴을 잘 다루시는 것도 아니고 저만 피곤해집니다.

D대리 아휴, 그건 그래. 화상 회의니까 이 정도지. J대리도 고생이 많아. 다음 주에 회사 나오나?

J 대리 네, 다음 주엔 2일 정도 출근합니다. 그때 뵙겠습니다.

D대리 그래. 팀장이 지시한 거 얼른 처리합시다.

위의 케이스에서 K팀장이 겪고 있는 이슈들은 코로나 시대 이전에는 크게 문제가 되지 않았던 것이라고 할 수 있다. 코로나 이전에는 영업팀장들이 매일 팀원들에게 직접 대면 보고를 받을 수 있었고, 필요에 따라서는 고객 미팅에 동행하기도 했다. 대면 영업의 상황에서는 보다 디테일한 부분까지 확인하고 직접 챙길 수 있는 부분이 많았던 것이다. 팀을 관리하는 것이 팀장의 역할이고, 오프라인 베이스의 영업활동에 대한 경험은 축적되어 있었기에 K팀장으로서는 팀원들을 리드하고 코칭하는 게 그리 어려운 일도 아니었다.

여러분의 조직은 어떠한가? 코로나 이후에 우리 회사의 영업조직에서도 이런 일들이 일어나고 있지는 않은지 점검해 봐야 한다. 실제로 많은 조직의 리더들이 코로나 이후에 변해버린 회사의 근무형태, 고객의 니즈 변화 등으로 인하여 조직 운영에 어려움을 겪고 있다. 때문에 코로나 이후에는 리더들의 역할은 물론, 역할 수행을 위한 역량도 바뀌어야 할 것이다.

세일즈 리더의 역할 변화: 권위주의의 리더십은 더이상 통하지 않는다.

앞에서도 이야기했지만, 코로나로 인하여 많은 영업조직들의 영업 방식에 큰 변화가 찾아왔다. 고객들이 영업사원의 방문을 꺼리고 있고, 기업들도 재택근무로 전환하면서 대면 영업보다 유선상으로 영업을 진행하는 경우가 많아진 것이다. 또한 최근에 급격히 성장하고 있는 온라인 미팅 플랫폼인 줌, 마이크로소프트 팀즈, 웹엑스 등을 활용하여 온라인 미팅을 진행하는 경우도 많아졌다. 콘퍼런스의 경우도 지금까지는 호텔 연회장처럼 큰 규모의 행사장에서 진행돼 왔지만, 이제 유튜브 라이브와 같은 플랫폼을 활용해 온라인으로 진행되고 있다.

이런 환경에서 영업팀이 성과를 내기 위하여 영업부문의 리더들은 어떤 역할을 해야 할까?

포스트 코로나 시대에 세일즈 리더는 과거의 권위적이고 통제적인 독재자 스타일에서 벗어나 현업 구성원들과 수평적 관계를 바탕으로 조직을 이끄는 모습으로 변해야 한다. 마치 스포츠 경기에서 플레잉 코치의 역할과도 비슷하다. 혹시 이 글을 읽는 리더들은 이런 생각을 할지도 모르겠다. 이런 이야기는 이전에도 있지 않았나? 물론, 이전에도 이러한 리더십에 대한 이야기는 많이 해 왔다. 하지만 여기서 중요한 점은 환경이 완전히 달라졌다는 것이다.

코로나가 기승을 부리던 때에 모 금융권 인사팀의 후배에게 연락이 왔다. 후배는 급변하는 환경 변화에 이슈가 많다면서 조언을 구하고자 했다. 이야기를 들어보니, 과거 큰 팀 단위였던 조직을 유닛 단위로 잘게 쪼개 의사결정의 속도를 높이고, 수평적인 조직문화를 만들어 나가려 한다는 것이다. 그러면서 리더들이 기존과는 많이 달라진 일하는 방식과 조직 구조에 방황하는 경우가 많다고 했다. 사실 코로나 이전까지만 해도 조직에서 리더들에게 요구하는 것은 적절한 지시와 명령으로 조직을 잘 관리하는 것이었다. 하지만 급변하는 코로나 시대에는 구성원과의 비대면 상황에서도 원활한 소통, 수평적 의견 조율을 할 수 있어야 하며, 조직 내에서는 보다 빠른 의사결정이 요구되고 있다. 이러한 변화 양상은 코로나 이전부터 애자일 경영 문화의 확산과 더불어 이미 시도되어 왔던 것이 사실이다. 그러던 것이 코로나로 인해 가속화되면서 급격한 조직 변화가 이뤄진 것이다.

구분	Before COVID 19 수직적 조직문화에 기반한 경영 (테일러리즘)	After COVID 19 수평적 조직문화에 기반한 경영 (애자일 경영)
리더십 스타일	• 명령과 통제 중심 • 권위주의/관료주의적 리더십	• 자율과 책임, 내재적 동기 중시 • 수평적 조직, 변화 적응성 강조 • 플레잉 코칭형 리더십
관리방법	• 측정, 계량을 통한 효율화 추구 • 표준화에 초점	• 개인의 특성을 존중 • 수평문화를 기반으로 한 소통 중시 • 애자일한 조직 구성과 운영으로 빠르게 시장에 대응할 수 있는 세일즈 조직 추구
세일즈 방법	• 오프라인 대면 영업 중심 • 판매자/제조사 중심의 효율화 추구	• 온라인 비대면 영업 중심 • 온/오프 하이브리드형 • 초개인화 상황에 맞는 고객 중심 접근

출처: 장재웅, 상효이재 저, 네이키드 애자일, 미래의 창, 2019, 44page 애자일 경영 패러다임을 재해석

표에서 볼 수 있듯이 과거에는 권위주의적이고 표준화에 초점을 맞춘 세일즈 조직 운영이 일반적이었다. 하지만 코로나 시대에서는 일하는 방식과 조직문화의 변화, 그리고 각 개인의 특성을 존중하는 초개인화 현상에 맞게 보다 수평적인 구성원과의 소통이 중요해졌다. 앞에서 언급된 모 금융회사의 사례처럼 기업들이 애자일한 조직구성(이슈에 대한 빠른 대응을 위해 조직의 구조를 축소시키는 것)을 추구함에 따라 기존의 수직

적이고 관료주의적 접근법은 더 이상 통하지 않는 상황이 된 것이다. 어찌 보면 당연한 상황이라 할 수 있다. 시장이 빠르게 변화하고 있는데도 불구하고 구성원들이 팀장의 지시와 명령에 따라 대응해야 하는 권위적인 환경이라면 수평적인 의견 조율과 현장 중심의 대응이 불가능한 것은 물론, 타이밍을 놓쳐 경쟁사에 뒤처질 수도 있기 때문이다.

2~3년 전부터는 초개인화Hyper-personalization 이슈가 화두가 되고 있다. 초개인화란 본래 실시간으로 소비자의 상황과 맥락을 파악한 뒤, 고객의 욕구(니즈)를 예측해서 상품이나 서비스를 제공하는 것을 통칭한다. 이러한 초개인화 시대는 코로나19의 등장과 함께 더 가속화되었다. 언택트 시대가 도래하면서 그동안 축적돼 온 빅데이터들이 비대면 기술과 연결되기 시작하였다. 고객의 생각과 마음, 행동 데이터를 정밀하게 읽어 초개인화 서비스를 펼치는 기업이 포스트 코로나 시장을 주도하게 된 것이다. 1

조직 운영, 세일즈에서도 이러한 초개인화 현상이 강조되고 있다. 각 구성원의 특성을 고려하여 구성원별로 커뮤니케이션 접근법과 코칭을 달리해야 한다. 보다 세밀한 접근이 필요해진 것이다. 과거의 획일화된 커뮤니케이션 방법은 더 이상 통하지 않는다. 그렇기 때문에 수직적 리더십에서 플레잉 코치로서의 역할 변화가 중요한 것이다. 가만히 앉아서 지시와 명령만 하는 시대는 끝났다. 구성원의 눈높이에서 함께 호흡하고 또 언택트 세일즈의 상황에서 새로운 방법론을 빠르게 학습하고 적용해 보는 등 변화하는 시장 상황에 빠르게 대응할 수 있어야 한다.

세일즈 리더의 코칭 방법: 주제와 방식을 바꿔라

이 책의 도입 부분에서 살펴본 아우디나 현대자동차, 그리고 위 K팀장의 영업 사례에서도 살펴볼 수 있듯이 영업사원의 디지털 역량은 점점 더 중요해지고 있다. 이에 따라 영업 리더들의 코칭 주제와 방법도 달라져야 한다. 기존에는 고객과의 대화스킬, 상품에 대한 지식이 코칭의 주된 주제였다면, 지금은 비대면 환경에서 효과적으로 고객을 발굴하고 커뮤니케이션 하기 위해서 사전에 어떤 준비가 필요한지, 어떤 툴을 활용할 것인지, 그리고 비대면 환경에서의 효과적인 커뮤니케이션 방법은 무엇인지 등이 중요 주제가 될 것이다. 물론 상품에 대한 지식이나 커뮤니케이션 스킬이 중요하지 않다는 것이 아니다. 뉴노멀 시대의 영업 리더들은 이러한 지식과 스킬들을 바뀐 환경에서 어떻게 적용할 수 있을지 고민하고 영업사원들과 함께 해결책을 찾아 나가려는 노력을 기울일 필요가 있게 된 것이다.

코칭 방법 또한 기존에 리더가 주도하는 일방적인 방식에서 벗어나야 한다. 최근 고객과의 화상 회의, 콘퍼런스 등에 활용되는 유튜브, 줌, 마이크로소프트 팀즈 등의 툴을 팀 내에서 누가 가장 잘 사용하고 있을까? 물론 항상 새로운 기술로 무장하고 있는 영업 리더일 수도 있으나, 대부분은 더 젊은 MZ세대 구성원이 이러한 영상 활용법에 더 익숙할 수 있다. 때문에 방법적인 측면과 내용적인 측면을 분리해서 코칭하는 것도 좋은 방법이다. 방법적인 측면에서는 오히려 후배 직원들에게 도움을 받고, 내용적인 측면은 경험이 풍부한 리더의 몫으로 이원화하여 팀원

▍코로나 이전과 이후의 리더의 코칭 변화

구분	Before COVID 19	After COVID 19
코칭 주체	• 고객과의 대화 스킬 • 상품 지식 • 영업 프로세스 전반	• 비대면 환경에서의 세일즈 방향 • 비대면 세일즈 커뮤니케이션/툴 활용
코칭 방법	• 고객방문 시 동행 영업 • 오프라인 기반 대면 코칭/피드백	• 비대면 화상 영업 이후 (리더 참석 시) • 비대면 기반으로 진행, 개인의 특성을 존중 • 수평문화를 기반으로 한 소통 중시
코칭 주체/ 접근법	• 세일즈 리더 • 닫힌 학습(리더의 경험 기반)	• 영역별 위임과 학습 • 열린 학습(구성원 주도 학습) • 애자일한 조직 구성과 운영으로 빠르게 시장에 대응할 수 있는 세일즈 조직 추구

코칭을 진행한다면 보다 효과적이고 효율적으로 영업조직의 역량 강화가 가능해질 것이다. 코칭은 리더가 구성원들에게 하는 것이 아니라 각 영역별로 가장 잘하는 사람이 하는 것이 조직 전체에 이득이 된다. 특히 이전에는 리더가 주도하고 또 경험에 기반하여 진행하는 닫힌 학습이었다면, 이제는 열린 학습, 즉 누구나 학습을 주도하며 내부에서 서로 경험을 공유하는 형태가 되어야 한다.

코로나 시대의 영업은 누구나 처음이다. 영업팀장이라고 코로나 시대에 딱 맞는 솔루션을 가지고 있는 것이 아니다. 물론 경험을 기반으로 더 나은 전략을 이끌어 갈 수 있다. 하지만 리더의 말이 곧 법이고 정답은 아니다. 보다 열린 마인드로 환경에 맞게 유연하게 대처하는 자세가 리더에게 필요하다. 이를 가능케 하기 위해서는 구성원들끼리 자유롭게 아이디어를 공유하고, 함께 성장해 나가는 문화가 조성되어 있어야만 한다. 그리고 도전과 실패를 통해서 지속적으로 성장해 나갈 수 있다는 믿음, 즉 성장 마인드 셋을 기반으로 해야 한다. 만약 리더가 '아무리 노력해도 자질을 바꿀 수 없다'는 고정 마인드 셋으로 조직을 이끌어 나간다면 급변하는 코로나 시대에 빠르게 대응하고 발전해 나갈 수 없기 때문이다. 애자일한 조직의 첫 걸음은 실패를 용인하고 빠르게 시장에 대응하는 것이다. [2]

세일즈리더의 역량 개발: 시대 흐름에 발맞춰라

대부분의 조직들은 성과를 높이기 위하여 영업분야의 역량 개발에 많은 노력을 기울여 왔다. 특히 영업조직에서 가장 큰 영향력을 발휘하는 영업 리더들의 역량 강화를 위해 다양한 방법을 시도했다. 새로운 경쟁사나 제품의 등장, 자사의 신제품 런칭과 같은 중요한 시기에는 영업 리더의 역량이 조직의 성과를 좌지우지할 수 있기 때문에 조직에서는 영업 리더의 역량 개발에 심혈을 기울일 수밖에 없었다. 문제는 코로나로 인하여 영업 리더의 역량에도 필연적으로 변화가 생겼다는 점이다. 새롭게 필요한 역량이 생기기도 하였으며, 기존에 영업 리더에게 필요했던 다양한 역량의 우선 순위가 바뀌게 된 조직도 생겨났다. 그렇다면 코로나 시대에 리더에게는 어떤 역량이 요구될까?

　조사기관 엠브레인에서 2020년 7월에 진행한 '코로나19로 인한 업무 환경 변화 이후 조직 내 리더에 대한 인식'에 대한 조사결과에 따르면 구성원들은 코로나 이후에 리더의 역량이 중요하다는 것을 더 체감하게 되었고, 리더별로 리더십의 차이가 더 명확하게 드러났다고 답변했다.

▎코로나로 달라진 직장생활 '리더의 역할' 인식

(N=1,000, 단위: 동의율 %)

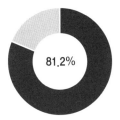

리더에게는 무엇보다 커뮤니케이션 능력이 중요하다는 것을 알게 되었다.

리더에게는 무엇보다 리스크관리가 중요하다는 것을 알게 되었다.

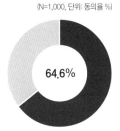

부서/팀 관리를 잘하는 리더와 그렇지 못한 리더가 명확하게 나눠지는 것 같다.

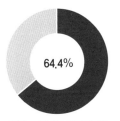

일하는 리더와 일하지 않는 리더가 누구인지가 분명하게 드러나게 된 것 같다.

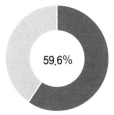

회사 정책이 급변하는 상황에서 리더의 역량을 제대로 알 수 있게 되었다.

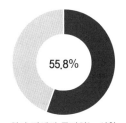

회사 정책이 급변하는 상황에 대처하는 모습을 보며 리더에 대한 이미지, 기준이 바뀌게 된 것 같다.

출처 : 엠브레인 리서치 결과, 코로나19로 인한 업무환경 변화 이후 조직 내 리더에 대한 인식(2020)

"코로나 이후 부서/팀 내 리더의 역할이 더욱 중요해진 것 같다"고 답변한 응답자는 전체의 62%, "포스트 코로나 시대에는 리더의 역할이 더 중요해질 것"이라는 응답은 전체의 68.7%를 차지했다. "코로나 시대에 리더에게 무엇보다 커뮤니케이션이 중요하다는 것을 알게 됐다"는 응답은 81.2%, 리스크 관리 역량이 중요하다고 한 답변도 73.9%로 나타났다. 결국 비대면 상황에서는 효율적으로 커뮤니케이션하는 것이 가장 우선시되는 리더십 역량이며, 급변하는 경영환경에 효과적으로 대응하는 역량 또한 중요한 리더십 역량으로 강조되는 것으로 나타났다.

앞서 살펴본 영업조직에 필요한 5가지 역량(디지털 커뮤니케이션, 데이터

코로나 시대에 세일즈 리더에게 필요한 역량

1. **디지털 커뮤니케이션(피드백, 코칭)** 비대면 환경에 맞게 구성원들에게 효과적으로 의사소통하며, 비대면 환경에서 팀 미팅을 이끌어 나가고 상황에 맞게 피드백, 코칭할 수 있는 역량(문서기반 커뮤니케이션을 포함)

2. **리스크 매니지먼트** 급변하는 경영환경 속에서 리스크를 사전에 예측, 대비하며, 효과적으로 대응하는 역량

3. **비대면 성과관리** 코로나 시대에 맞게 전략적 목표 설정을 하며, 성과를 극대화하기 위하여 조직(조직의 자원)을 운영, 관리해 나가는 역량

4. **비대면 환경에서의 협업/문제해결** 비대면 환경에서 타 부서 혹은 부서 내에서 협업을 통해 문제를 해결해 나가는 역량

매니지먼트, 데이터 애널리틱스, 콘텐츠 생산 역량, 변화 관리)과 함께 리더들에게는 디지털 커뮤니케이션(피드백, 코칭), 리스크 매니지먼트, 비대면 성과관리, 비대면 근무환경에서의 협업/문제해결 역량 등의 버추얼 리더십 역량이 새롭게 요구되고 있다.

물론 이러한 역량들은 코로나 이전에도 영업 리더에게 필요한 역량이었으나 모든 조직에서 제일 중요한 역량이라고 볼 수는 없었다. 하지만 코로나 시대에 세일즈 리더들은 필수적으로 이러한 역량을 개발하고 발전시켜야 한다.

뉴노멀 시대, 영업 코칭 & 비대면 커뮤니케이션

영업 현장에서 코로나와 같은 외부 변수는 언제든지 찾아올 수 있다. 영업조직을 이끄는 리더라면 외부 환경 변화에 당황해서 우왕좌왕하기보다는 미리 예측하고 변화된 상황에 빨리 적응해서 조직을 안정적으로 이끌어 나가야 할 것이다. 이를 위해 영업 리더들은 어떤 태도로 구성원을 코칭해야 할까? 구체적인 사례를 통해서 살펴보자.

CASE STORY 4 코로나 시대 '세일즈 조직의 재택근무 이슈'

*Story구성은 실제 현장 기업 사례를 토대로 하되, 일부 세부 내용/정보를 각색한 것

차량부품 제조사인 L사의 H팀장은 고객사와의 미팅에서 다소 당황스러운 경험을 했다. 원래 신제품 설명을 위한 화상미팅이었는데, 해당 고객사를 담당하던 C대리의 노트북이 말썽을 일으키는 바람에 팀장인 본인이 직접 설명을 진행하고자 했다. 하지만 기존에 사용하던 툴이 아니라, 고객사가 내부에서 사용하는 화상 회의 툴을 다루는 바람에 제품 설명이 제대로 진행되지 않았던 것이다. 다행히 오랫동안 거래를

해오던 고객사였기에 양해를 구하고 다시 미팅을 진행했지만, 고객과 팀원에게 서툰 모습을 보인 점이 내심 마음에 걸렸다. 특히나 팀원들에게 피드백을 할 때, 화상회의 툴에 익숙해져야 하고, 시중에 일반적으로 많이 사용하는 툴은 모두 잘 다뤄야 한다고 신신당부했던 터였기에 더욱 신경이 쓰였다. 더욱이 최근에 회사에서 팀원들과 다같이 모여서 대면 미팅을 진행하지 못하다 보니 제대로 이슈 파악이 안되는 점과 또 팀원들과 의사소통이 잘 안 되는 점도 마음에 걸리는 상황이다.

다음은 재택근무를 병행해서 실시하고 있는 L사의 영업사원 C대리와의 인터뷰를 일부 각색한 내용이다.

필자 최근 근무 형태가 어떻게 되시나요?

C대리 영업사원들이 교대로 재택근무를 실시하고 있습니다.

필자 재택근무의 장/단점은 무엇일까요?

C대리 장점은 출퇴근에 걸리던 시간이 줄어들었다는 점, 그리고 편안한 복장으로 업무를 할 수 있다는 점 등이 있고요. 단점으로는 고객과의 미팅이 있을 때, 미팅에 필요한 문서들을 찾아야 하는데 보안 때문에 문서를 찾는 데 제약이 있다는 부분입니다. 그리고 최근에 온라인 미팅이 점점 늘어나는데 다양한 온라인 회의 툴을 사용할 때도 어려움이 있습니다. 고객이 저보다 툴을 더 잘 활용해서 미팅하면서 진땀을 뺀 경우도 있고요, 또 줌이나 팀즈 등을 전혀 사용할 줄 모르는 고객에게 툴 사용법만 이야기하다가 미팅이 끝나는 경우도 있었어요. 실제로 미팅 때 노트북이 말썽을 부려서 미팅이 원활하게 진행되지 못했던 경우도 있고요. 여러 변수에 대응하는 것도 중

요한 것 같습니다.

필자 아무래도 업무 진행에 불편함이 있을 수밖에 없겠네요. 혹시 다른 점들은 없을까요?

C대리 앞서 말씀드린 건 그래도 저희나 고객 모두 점점 익숙해지면서 좋아지고 있는데, 가장 답답한 건 아무래도 관리자들과 커뮤니케이션이 잘 안 되는 부분인 것 같습니다.

필자 무슨 문제가 있을까요?

C대리 관리자들은 영업사원이 눈에 보이지 않으면 답답해 하는 것 같아요. 재택을 하는 날이면 항상 사내 메신저를 켜놓고 있으라고 하시는데, 제가 고객과 통화가 길어져서 메신저에 자리비움이라고 뜨자마자 바로 문자와 전화로 집에서 뭐하고 있냐고 물어보시더라고요. 그리고 재택하는 날이면 업무 종료시에 오늘 한 일을 시간 단위로 써서 제출해야 하는데, 일을 안 한 게 아닌데 막상 쓰려고 하면 쓸 내용이 별로 없습니다. 그래서 억지로 일을 만들어서 쓰고 있습니다. 사실 재택근무를 하면서도 감시받는 느낌이 들 때가 많다 보니, 직원들은 차라리 사무실에 출근하는 걸 더 선호하는 것 같아요. 또 기존에는 직접 미팅을 하고 술 한 잔 하면서 피드백을 받는 경우가 많았는데, 비대면 상황에서는 맨정신에 가감없이 이야기를 하다 보니 관리자들이나 영업사원들 모두 적응을 못하고 있어요.

필자 아무래도 리더 분들은 대면 미팅으로 얼굴을 보며 대화하는 걸 좋아하시겠네요. 또 어떤 이슈가 있을까요?

C대리 변화된 환경에 적응을 잘 못하시는 부분도 있는 것 같아요. 예전처럼 리더가 관리만 하고 보고만 받는 건 회사에서도 원하는 상황이 아니거든요. 회사에서는 현장형 리더가 되어서 수평적인 조직을 이끌기를 원하는데, 아직 팀장님은 예전처럼

수직적으로 업무를 진행하시는 경향이 있어요. 물론 과거에 비해서 많이 변하셨지만요. 아, 그리고 화상회의 툴이나 다른 IT 툴을 다루시는 게 서툴러서 그냥 저희에게 지시만 하시고 정작 본인은 서툰 모습을 보이시면 신뢰가 조금 떨어져요. 젊은 직원들보다는 못하시겠지만 더 노력하는 모습을 저희는 기대하고 있습니다.

재택근무를 하는 기업이 많아지면서 실제로 위 인터뷰 내용과 같이 영업사원들의 근무 만족도가 떨어지는 경우도 많아졌다. 뿐만 아니라, 고객들이 영업사원의 방문을 꺼리다 보니 주요 업무인 외근이 자연스럽게 줄어들면서 영업사원의 존재 가치까지 의심받고 있는 상황이다. 이 와중에 일부 팀장들은 영업사원들의 일거수일투족을 컨트롤하려는 태도를 보이고 있고, 영업사원들은 자율성을 잃고 통제받는 상황에서 적극적인 마인드로 새로운 영업방식을 찾기보다 자기 방어적인 태도를 보일 수밖에 없다. 이처럼 리더들의 비대면 커뮤니케이션 역량은 구성원들의 동기부여, 업무 몰입도에 큰 영향을 미칠 수 있다.

그러면 이러한 영업사원들을 관리하고 있는 최일선의 영업 리더들은 어떤 생각을 가지고 있을까? L사 H영업팀장과의 인터뷰를 통해서 영업 리더들의 생각을 들어보았다. 인터뷰 내용 중 일부를 각색해 보았다.

필자 회사에서 코로나 때문에 영업사원들도 교대로 재택근무를 진행하고 있다고 들었습니다. 팀장님은 재택근무에 대해서 어떻게 생각하시나요?

H팀장 코로나 때문에 어쩔 수 없이 재택근무를 하는 건 이해할 수 있습니다만, 아무래

도 사무실에 나와서 업무를 하는 것보다 효율성이 떨어지는 건 어쩔 수 없는 것 같아요

필자 구체적으로 어떤 점들 때문에 효율성이 떨어지는 건가요?

H팀장 아무래도 직원들과의 커뮤니케이션에서 어려움을 겪고 있어요. 예전에는 만나서 이야기를 나누다 보면, 직원들이 제 말의 의도를 잘 알아줬던 것 같아요. 저도 직원들이 제 이야기를 얼마나 잘 이해하고 있는지 쉽게 알아챌 수 있었죠. 그런데 지금은 온라인으로 이야기하다 보니까 아무래도 미스 커뮤니케이션이 많이 일어나요. 그리고 솔직히 직원들이 집에서 정확하게 어떤 업무를 하고 있는지 알 수 없다 보니 이런 부분들이 답답하네요.

필자 그렇겠군요. 그럼 이 문제를 해결하기 위해서 어떻게 하시나요?

H팀장 직원들이 집에서 업무 외 다른 일을 하지 못하게 방지하는 차원에서 근무 시간에는 사내 메신저를 켜 두도록 하고 있고요, 어떤 업무를 진행하고 있는지 정확하게 파악하기 위해서 매일 업무일지를 받습니다. 가능하면 시간 단위로 수행 업무를 적어서 제출하고 있는데, 정말 그 시간에 그 업무를 하고 있는지는 잘 모르겠네요... 그러다 보니 온라인으로 진행되는 팀 미팅이나 1:1 미팅에서 계속 그날의 업무 현황을 꼬치꼬치 물어보게 되는 것 같아요.

최근 코로나로 인한 재택근무의 증가, 위축된 영업활동 등으로 리더와 영업사원 모두 스트레스를 받고 있다. 때문에 영업 리더의 역량이 더 중요해졌다고 할 수 있는데, 그럼 조직을 혁신하면서 영업사원의 업무 수행을 보다 효과적으로 관리하기 위해 리더가 취해야 할 태도로는 어떤 것들이 있을까?

세일즈 리더의 코칭: 경험 고착 현상에서 벗어나라

다음은 어느 심리학자가 진행한 실험 내용이다.

어떤 군인과 노인이 길가에 서서 이야기를 나누는데 어린아이가 헐레벌떡 달려와 군인에게 "당신 아버지와 내 아버지가 싸우고 있어요!"라고 말했다. 노인은 군인에게 물었다. "지금 달려와서 이야기하는 아이는 당신과 무슨 관계요?" 그러자 군인은 답했다. "제 아들입니다." 그렇다면 지금 싸우고 있는 두 사람은 군인과 어떤 관계일까?

정답은 다음과 같다. 군인은 아이의 엄마이고, 싸우는 사람은 아이의 아빠와 외할아버지라는 것이다. 놀랍게도 이 실험의 대상자인 100명 중 단 2명만이 정답을 맞혔다. 혹시 정답을 맞힌 분이 있다면 2% 안에 드는 대단하신 분이다.

이 실험을 진행한 심리학자는 얼마 후 한 가정에 방문하여 위 질문을 그 가족들에게 똑같이 물었다. 그랬더니 가족 중 오직 어린 어린아이만이 답을 맞혔다. 대부분의 성인들은 정답을 맞히지 못했다. 이유는 우리가 경험에 의해 고정관념을 가지고 있기 때문이다. 바로 심리적 고착 현상 때문이다. 심리적 고착은 어떤 자극이 발생한 후 습관적으로 반응하는 심리 경향성을 의미한다. 성인들은 자신의 경험에 근거하여 군인이 남자라는 확신을 가지고 이 문제를 풀기 때문에 정답률이 낮았던 것이다. [3]

우리는 우리가 생각하는 것보다 훨씬 더 많이 과거의 경험에 사로잡혀 있다. 게다가 나이가 들수록 과거의 경험에 의존하는 정도는 더욱 심해진다. 경영이나 세일즈 분야도 다르지 않다. 성공 경험이 많은 리더들은 어떤 문제가 발생했을 때 "과거에 비슷한 문제가 있었나? 나는 그때 어떻게 해결했지?"라고 과거에서 문제의 솔루션을 찾는 경향을 보이기 쉽다. 세일즈 분야에서 경험은 대단히 중요하다. 그 경험 안에 고객과의 상담을 리드하는 방법, 고객의 니즈를 파악하는 방법, 협상 테이블에서의 심리전 등의 방법들이 녹아 있기 때문이다. 문제는 이러한 경험주의 태도가 고착 현상을 불러일으킨다는 점이다. 더욱이 변화의 시대에 조직이 살아남기 위해서는 리더들이 가지고 있던 영업에서의 성공 경험을 더 이상 중요한 지혜로 생각해선 안 될 것이다. 오히려 기존에 가지고 있던 오프라인 기반의 영업 프로세스나 방법론에서 벗어나 새로운 방법을 학습하고 여기에 자신의 경험을 더해 코로나 시대에 대응하기 위한 솔루션을 만들어 나가기 위해 노력하는 것이 더 중요해지고 있다. 이것이 바로 우리가 과거의 경험과 성공에만 사로잡히면 안 되는 이유다.

비대면 시대에 경쟁사의 영업조직은 '비대면'이라는 방법을 활용해 고객의 입장에서 생각하면서 고객에게 보다 효과적으로 접근할 수 있는 방법을 고민함으로써 혁신을 추구하고 있는 상황이다. 이런 상황에 세일즈 리더가 과거의 경험에만 사로잡혀 여전히 영업의 본질은 고객과의 대면임을 부르짖으며 고객과의 오프라인 만남만을 고집한다면 그 조직은 결국 변화를 갈구하는 고객들에게 외면받고 경쟁에서 뒤처지고 말 것이다.

그렇다면 이러한 상황에서 영업 리더는 무엇을 해야 할 것인가? 리더는 가장 먼저 변화의 중심에 서서 변화를 주도해 나가기 위한 적응성 agility을 높여야 할 것이다.

> 일반적으로 어질리티agility는 민첩성을 의미하나, 필자들은 빠르게 시장에 대응하여 변화를 추구하는 의미인 애자일agile 방법론에서 착안하여 적응성을 어질리티agility 로 표현하였다.

또한 불확실성에 대비하기 위해 유연성Flexibility도 겸비해야 한다. 예전처럼 오프라인 중심으로 영업에 많은 시간을 투자해서 고객을 발굴하고 관계를 다져 나가면서 영업을 성공시키기란 어려운 일이다. 이제는 언제 어디서든 빠르게 고객에게 맞춤형 정보를 제공해야 하며, 온라인 상황에서도 세일즈를 진행할 수 있게 준비하는 것이 중요해졌다. 이 경우 세일즈 팀의 일하는 방식은 과정 개발과 운영보다는 유연성을 높인 애자일한 접근법에 더 가까워져야 한다. 애자일한 환경에서의 영업조직이 핵심으로 추구해야 할 것은 빠른 대응just in time, 초개인화just for me, 효율성just enough이다. 4

코로나와 같은 재난, 갑작스러운 경쟁사의 출현 등으로 인해 수시로 바뀌는 영업 환경에서 살아남기 위해서 조직이 변화해야 한다는 것은 너무나도 명확한 사실이다. 하지만 대부분의 구성원들이 변화의 필요성을 인지하면서도 그 변화는 '내가 아니라 내 주변 조직이나 사람들을 대상으로 진행되었으면'하는 생각을 가지고 있다. 즉 구성원 개개인은 변화에서 빠지고 싶어 하는 것이다. 이러한 상황에서는 조직이 절대로 변

코로나 시대에 영업팀이 지향해야 할 핵심요소

1. **빠른 대응**just in time 비대면 온라인 상황에서 고객은 오프라인 상황에서보다 더 많은 선택지를 두고 접근하게 된다. 따라서 영업팀에서는 보다 빠른 대응을 해야 한다.

2. **초개인화**just for me 고객이 선호하는 부분에 맞춘 세일즈로 대응해야 한다. 과거와 같은 기준으로 고객을 응대해서는 안 된다. 고객이 원하는 채널, 원하는 방법으로 접근해야 한다.

3. **효율성**just enough 비대면 상황에서는 오프라인보다는 효율적인 움직임이 가능하다. 오프라인의 활동을 온라인상으로 옮겨와 빠르게 테스트해 보고 지속적으로 효율성을 높이는 접근을 취해야 한다.

할 수 없다. 조직이 변화하기 위해서는 먼저 리더가 스스로 변화의 중심에 서서 변화를 주도해 나가야 한다. 이를 위해서 리더가 갖춰야 할 가장 중요한 요소가 바로 적응성이다. 전통적인 변화혁신의 방법은 과거를 분석하고 이를 통해서 미래를 예측해 나가는 것이다. 하지만 지금처럼 외부 환경이 급격하게 변화할 때에는 과거에 기댈 것이 아니라 새로운 발견과 혁신을 꾀해야 한다. 즉 리더는 변화를 관리하며 하던 일을 잘 하는 것이 아니라, 해야 할 일이 무엇인지를 찾으면서 적응해 나가야 하는 것이다.

이를 위해 영업 리더들이 자문해야 할 3가지 질문을 도출해 보았다.

이러한 질문들은 영업조직을 혁신하기 위한 시발점이자 더욱 효율적이고 효과적인 영업을 실현하는 계기로 작용할 것이다.

Q1. 우리의 영업방식이 현 시점에 고객에게 적절한가?

시대가 변하면 고객의 생활양식과 업무 패턴이 변하고, 그에 따라 우리의 영업 방식도 자연스럽게 변하게 된다. 최근 수년간 변화의 양상을 살펴보면 대면에서 비대면으로, 문서에서 영상으로, PC에서 모바일로 서서히 변해가고 있었다. 하지만 지금은 코로나로 인해서 그 속도가 드라마틱하게 빠르게 진행되고 있다. 고객들도 마찬가지로 빠르게 변해가는 시대의 흐름에 맞춰서 생활하고 있는데 우리의 영업은 여전히 코로나 이전의 스타일을 고집하고 있지는 않은지 고민해 봐야 할 것이다. 우리의 영업 방식을 바꿔 나가기 위해서는 무엇보다도 먼저 고객의 생활 패턴을 읽어야 할 것이다. 고객이 재택근무를 하는데 대면 미팅을 요구하고 있는 건 아닌지, 영상에 익숙한 고객들에게 수십 페이지에 달하는 제안서를 프린트해서 보여주고 있지는 않은지, 우리가 제공하는 정보가 모바일에서 가독성이 떨어지진 않는지 고객의 선호도와 우리의 방식을 함께 체크해 봐야 한다.

지금 우리의 고객은 여전히 과거의 방식을 추구하는 고객부터 새로운 시대에 맞춰 최신 시스템과 커뮤니케이션 방식을 추구하는 고객까지 실로 다양해졌다. 영업은 이처럼 다양한 고객의 니즈를 맞춰 나가기 위해 노력해야 한다. 영업 리더들은 우리의 고객을 점검하고 그들에 맞춘 다양한 영업 방식을 도입하는 데에 주저함이 없어야 할 것이다. 여기서 중점은 고객의 상황에 따라 유연하게 대응해야 한다는 것이다. 핵심은 고객 중심이다.

Q2. 나는 변화에 민감하고 새로운 것을 받아들일 준비가 되어 있는가?

이 책의 앞부분에서 변화맹에 대해 언급했다. 과연 나는 주위 변화에 민감한지 확인할 필요가 있다. 영업 리더들을 대상으로 변화의 인지도 및 민감도에 대해 조사해 보면 대부분이 본인이 속한 산업군이나 개인적 관심사와 관련한 분야에서는 어느 정도 변화를 인지하고 있으나, 다른 분야에 대해서는 어떤 변화가 일어나고 있는지 전혀 무지한 경우를 자주 볼 수 있다. 예를 들어 핸드폰 마케팅을 담당하는 리더는 애플과 삼성의 최신 출시폰이나 최신 핸드폰 트렌드와 같은 본인의 업무와 관련된 지식, 그리고 개인 취미인 골프장 그린피 동향 등은 잘 인지하고 있다. 반면, 코로나로 인한 비대면 회의의 증가현황, 비대면 회의에서 활용되는 각종 툴의 장/단점 및 이로 인한 전세계 콘퍼런스콜 장비회사의 변화 등에 대해서는 관심이 없을 수 있다. 하지만 핸드폰과 비대면 회의가 서로 상관이 없는 영역일까? 예전에는 그렇게 생각할 수 있었겠지만, 지금은 많은 사람들이 노트북뿐 아니라 태블릿이나 스마트폰 등을 활용해서 회의를 진행하고 있다. 이러한 점을 착안해서 직접 다양한 온라인 미팅 툴Tool을 써보고, 이를 스마트폰의 마케팅에 적용할 수 있는 포인트를 찾아내는 것이 영업/마케팅 리더에게 필요한 역량인 것이다. 누가 알겠는가? 몇 년 후 지금의 휴대폰 매장에서 자동차를 판매하는 날이 올 수도 있을 것이다. 이때 먼저 준비하고 변화에 적응한 리더라면 핸드폰뿐 아니라 자동차도 누구보다 더 잘 판매할 수 있을 것이다.

Q3. 나는 끊임없이 학습하는가?

변화는 인지하는 것으로 끝나는 것이 아니다. 변화에 적응하고 이를 받아들이기 위해서는 리더가 끊임없이 학습할 필요가 있다. 애플의 혁신을 주도한 스티브잡스는 1984년 한 인터뷰에서 '만일 내가 훌륭한 인재라면, 아무것도 배울 수 없는 상사 밑에서 일하고 싶겠습니까?'라고 말했다. 그래서 스티브잡스는 관리직을 고용하기보다는 전문가를 교육하여 관리직으로 승격시키는 방법을 선택했고, 때문에 아직까지도 애플의 관리직은 '각각의 분야에서 전문성을 가지고 자신의 분야에 관여할 수 있으며, 의사결정에 대해 동료들과 협력할 수 있는 인물'이라고 명시되어 있다. 영업의 리더도 마찬가지로 본인의 영역에서 전문성을 가져야만 기본적인 자격을 갖게 될 것이다. 과거에는 영업에서 입지전적인 실적을 올렸거나 성공 경험이 풍부한 사람들이 영업에 전문성이 있다고 평가받았으나, 이제는 과거의 지혜가 더 이상 전문성을 보장해주지 않는다. 남들보다 먼저 시장과 고객의 변화를 인지하고, 여기에 대응하기 위해서 영업조직이 활용할 수 있는 새로운 기술이나 방법을 적극 검토하고 사용하면서 구성원들의 변화를 이끌어 내는 것이 바로 바람직한 영업 리더의 모습일 것이다.

세일즈 리더의 비대면 커뮤니케이션: 구성원들과 끊임없이 소통하라

프랜차이즈 사업가이자 요리 연구가인 백종원이 출연하는 '골목식당'이라는 프로그램이 있다. 이 프로그램을 보면 식당의 기본인 요리에 대해 너무나도 준비가 안 되어 있던 사장님부터 요리에 대한 열정은 충만하지만 비즈니스 마인드가 없는 사장님 등 다양한 문제를 가진 출연자들이 나온다. 그리고 대부분은 백종원과 제작진의 도움을 통해 순식간에 맛집으로 변신하기도 하고, 메뉴 효율화 등의 솔루션으로 인해 대박집으로 바뀌기도 한다. 하지만 그 후로 6개월에서 1년이 지난 후에 골목식당에 나왔던 대박집을 다시 가보면 많은 식당들이 방송에서 백종원과 했던 약속들을 잊고 다시 예전으로 돌아가게 된 경우를 종종 보게 된다.

백종원이 그간 본인이 쌓아왔던 경험을 바탕으로 사업의 노하우를 코칭해주고, 레시피를 적극적으로 알려주는 등 식당의 성공을 위한 모든 노하우를 전수해 주었음에도 다시 예전으로 회귀하는 이유는 무엇일까? 백종원이 진행하는 방식이 문제일까? 꼭 그렇지만은 않은 것 같다. 백종원의 골목식당이 등장하기 전에도 이미 대박집의 노하우를 쪽박집에 전수해 주던 프로그램인 '해결! 돈이 보인다'라는 방송이 있었는데, 이때 출연했던 수많은 쪽박집들도 마찬가지였기 때문이다. 방송에 나온 후 잠시 반짝할 뿐, 다시 예전과 같이 쪽박집으로 전락한 경우가 많았던 것이다.

이들이 다시 과거로 돌아가게 된 이유는 무엇일까? 우리는 그 해답을 글로벌 제약사의 컨설팅을 진행하면서 찾을 수 있었다. 필자들은 글로벌 제약회사의 한국 법인인 A사에서 영업 리더들의 역량을 진단하면서,

과연 리더의 어떤 역량이나 행위가 영업팀의 성과에 가장 큰 영향을 미치는지 조사했다. 조사를 진행하기 전에는 리더의 전문성, 전략수립, 커뮤니케이션 등 다양한 역량이 성과에 영향을 미칠 것이라 예상했지만, 단지 역량이 높다고 해서 팀의 성과가 높아지는 것은 아니었다. 조사 결과 팀의 성과와 비례한 수치가 2가지 있었는데, 바로 영업 리더의 코칭(커뮤니케이션) 횟수와 타깃고객 방문 목표대비 달성률이었다.

커뮤니케이션 방법이 조금 서투르거나 전문 지식과 전략 수립 역량이

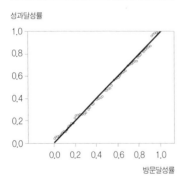

목표대비 방문 달성률과 성과 달성률 간의 상관관계

- 성과 달성의 상관관계를 분석한 결과, 목표 대비 방문 달성률과 성과 달성률간에 유의미한 상관관계를 나타냄.
- 지난 3년 간의 방문 달성률 상위 20%와 하위 20%의 성과 달성률을 비교하였을 때 상위 20%(105%)는 하위 20%(102%)에 비해 성과 달성률이 약 10% 높은 것으로 밝혀짐.

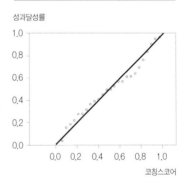

코칭스코어(코칭의 빈도 + 코칭의 양)와 성과 달성률 간의 상관관계

- 월별 영업사원 코칭 스코어(코칭 빈도+양)와 성과 달성률 간의 유의미한 상관관계가 도출됨. 즉, 구성원을 코칭함과 동시에 실적 관련 성과는 전반적으로 높아지는 경향성을 보임.

출처: 글로벌 제약사 A사의 리더 역량과 성과의 상관관계 분석 결과

조금 부족한 경우에도 팀의 매출 목표를 달성한 영업 리더는 있었으나, 부하직원에 대한 코칭(커뮤니케이션) 횟수가 적은 리더와 그 팀이 목표를 달성한 경우는 일체 없었다.

위에서 본 백종원의 골목식당에 출연한 식당들도 마찬가지다. 만약 이들에게 방송이 끝난 후에도 백종원과 그 제작진이 끊임없이 방문해서 점검하고, 수정 보완해 나갔다면 지금처럼 다시 회귀하여 대중의 혹평을 받는 식당이 아니라 꾸준히 좋은 퀄리티의 음식과 서비스를 제공해 주는 식당이 되어 있었을 것이다. 앞서 우리는 엠브레인의 설문조사 결과를 토대로 코로나 시대에 리더에게 가장 필요하며 중요한 역량이 커뮤니케이션 역량이라는 것을 확인했다. 코로나 시대에 리더에게 필요한 것은 코칭, 즉, 주기적으로 문제점과 개선점에 대해서 이야기하고 문제가 생겼을 때 적극적으로 방안을 모색하는 커뮤니케이션 역량인 것이다.

그렇다면 코로나 시대에 영업 리더들은 구성원들과 어떻게 소통해야 할 것인가?

코로나 이전에는 대부분의 직장인들이 아침에 사무실에서 일상적으로 대화를 주고받았으며, 이러한 대화의 연장선상에서 영업 리더의 직원 코칭, 피드백 등이 자연스럽게 이루어지기도 했다. 하지만 코로나 이후에는 일상적인 대화조차도 영업 리더가 의식적으로 시간을 내서 해야 하는 것이 되었다. 즉 구성원과의 커뮤니케이션에 의도적으로 시간을 투자하고, 구성원 개개인에게 먼저 개인적으로 말을 걸어야 한다는 것이다. 특히 이러한 커뮤니케이션 능력의 중요성은 코로나가 사라진 다음에도 변치 않을 것으로 보인다.

마이크로소프트Microsoft가 보스턴 컨설팅그룹Boston Consulting Group과 KRC 리서치에 의뢰해서 유럽 전역의 15개 국가에서 실시한 리서치 결과에 의하면 코로나 이전에는 15%에 불과했던 유연한 근무제도의 도입이 코로나 이후에 76%의 기업으로 확대됐다고 한다. 응답자의 88%는 코로나 대유행이 끝난 후에도 하이브리드 형태의 원격 근무가 지속될 것이라고 예상했다. 5 즉, 앞으로의 근무 형태는 코로나를 겪고 있는 지금과 별반 달라지지 않을 것이기 때문에 커뮤니케이션 역량은 리더에게 가장 중요한 역량으로 남게 될 것이다.

그럼 원격 근무의 최대 단점인 커뮤니케이션 문제를 해결하고 코칭 역량을 향상시키기 위해서는 어떻게 해야 할까?

첫 번째로는 리더가 지시하고 자신의 한정된 경험에 기반한 솔루션을 제공하는 것을 멈추고, 퍼실리테이션 형태의 코칭을 해야 한다. 앞서 우리는 코칭의 경우 과거와 달리 리더가 일방적으로 진행하는 형태가 아닌 팀 내의 다양한 경험을 바탕으로 해당 영역의 지식이 많은 팀원이 지식을 공유하는 열린 학습 형태의 코칭이 진행되어야 한다고 이야기한 바 있다. 비대면 환경에서의 가장 우수한 코칭은 각기 다른 상황 속에서 팀원들이 가장 적합한 접근 방법을 찾을 수 있도록 이끌어 내는 코칭, 즉 퍼실리테이션 형태의 코칭이다. 이 이야기는 결국 접근하는 방식이나 솔루션도 상대방에 따라 달라져야 한다는 이야기다.

비대면 상황에서의 코칭 커뮤니케이션 방식 6, 7

1. 세일즈 리더는 주 2~3회 필요한 상황에 콘퍼런스콜을 진행한다. 화상회의를 진행할 때는 일방적으로 시간을 정하기보다는 팀원들의 스케줄을 고려하여 참석 대상 모두가 가능한 시간에 진행한다.

2. 오프라인 회의와 달리 화상회의에서는 여러 사람이 동시에 말을 하기가 어렵다. 오디오가 동시에 들어올 경우 메시지가 제대로 전달되지 않을 수 있기 때문이다. 따라서 세일즈 리더는 사전에 주제와 순서를 미리 정하고 이를 공유할 필요가 있다.

   * 화상회의를 진행할 때는 다음의 3P를 기억하면 좋다. Purpose(화상회의(커뮤니케이션)의 목적), Process(진행순서(발언권 순서)), Payoff(회의 결과, 기대효과, To do list 도출)

3. 오프라인과 달리 표정이나 의중을 파악하기 어려운 경우가 생길 수 있다. 따라서 리더들은 채팅이나 익명 투표 등의 기능을 적극 활용해야 한다. 또 우리나라의 경우 의견을 내라고 하면 다들 조용해지는 경향이 있다. 따라서 필요할 경우, 리더가 구성원의 의견을 적극적으로 끌어낼 필요가 있다. 내성적인 직원을 고려하여 추가적으로 1대1 미팅을 진행하는 방법도 고려해야 한다.

4. 서면 커뮤니케이션도 적극 활용해야 한다. 아무래도 화상회의를 진행하다 보면 놓치는 부분이 생기기도 한다. 이때 미처 전하지 못한 피드백, 코칭 내용을 e-mail이나 다른 메신저를 활용해 적극적으로 커뮤니케이션할 필요가 있다. 또한, 전화보다 서면 커뮤니케이션을 선호하는 직원이 있다는 점도 고려하자.

   특히나 업무에 개선이 필요한 경우, 오프라인보다 더 주의해서 메시지를 전달할 필요가 있다. 이때도 서면 커뮤니케이션을 활용할 수 있다. 단순히 나무라기보다는 리더가 같이 방법을 찾아보거나 구성원에게 힌트를 제공하는 형태로 커뮤니케이션하는 것이 좋다.

5. 축하하거나 칭찬해야 할 일이 있다면 기프티콘, 쿠폰 등을 적극적으로 활용하고 이를 공지하여 공유하는 것이 좋다. 비대면 상황에서 내재적 동기를 충족시키기 위해서는 유능감을 주고 소속감을 고취시켜야 한다는 것을 잊어서는 안 된다.

6. 상대의 반응을 바로 확인할 수 없다는 점을 고려해야 한다. 경우에 따라서는 혼자 10분 혹은 20분 이상 떠들어야 하는 경우가 생길 수도 있다. 따라서 중간 중간 구성원들의 반응을 살피기 위한 질문을 해야 한다.

7. 마지막으로 도움이 필요한 부분이 무엇인지, 영업이나 업무간 협조가 필요한 부분이 있는지 확인해야 한다. 간과하기 쉬운 부분이지만, 비대면 상황에서는 리더들이 각 부서와의 조율을 더 잘 해줘야 한다. 리더의 협업, 문제해결 역량이 팀원들의 성과와 직결될 수 있기 때문이다.

두 번째로는 원격 상황에서 구성원들이 다양한 협업툴에 익숙해질 수 있도록 지원해야 한다. 영업 리더는 구성원들이 단순히 줌을 통한 화상 미팅이나 이메일 외에도 각자에게 가장 편안한 방법을 찾을 수 있도록 기다리고 지지해 줘야 한다. 구성원들은 다양성과 유연성을 가질 때 스스로에게 더 잘 맞는 도구와 커뮤니케이션 스타일을 선택할 수 있기 때문이다. 더욱이 세일즈의 경우, 고객의 상황에 따라 여러가지 도구를 사

출처: www.HowDigitalHRD.com

용해야 하기 때문에 영업사원들은 여러 툴을 자유롭게 사용할 줄 알아야 한다.

세 번째로는 구성원들에게 원격 커뮤니케이션 방법을 교육해야 한다. 조직 또는 다른 직원들이 시도하려고 하는 온라인상에서의 다양한 커뮤니케이션 방법들은 구성원들에게 익숙하지 않은 방법일 수 있다. 때문에 이들에게 비대면 환경에서 콘텐츠를 제작하고 활용하는 역량을 교육하고 지원하는 것은 반드시 필요한 일이다.

우측 그림은 K제약회사의 비대면 세일즈 역량 강화 프로그램의 일부이다. K제약회사에서는 영업사원이 고객과의 원격 커뮤니케이션을 보다 전문적으로 진행할 수 있도록 다양한 교육을 통해서 영업사원의 역량을 강화시켰다. 특히 비대면 환경에서 중요한 외모 관리와 태도, 소통과 화법, IT 전문성까지 짧은 시간에 효율적인 영업활동이 가능하도록 프로그램을 구성했다.

K제약회사의 비대면 세일즈 역량 강화 프로그램 예시

Professional **Visual** 용모	Professional **Attitude** 태도	Professional **Communication** 소통/화법	Professional **IT Expertise** IT 전문성
전문가다운 첫인상을 결정하는 시각적 요소	고객 중심으로 사고하는 전문가다운 태도	상호작용을 통해 전문성을 전달하는 핵심 Action	변화하는 업무환경을 선도하는 IT 역량
		Professional Virtual Call Ⅰ: 비대면 상담 역량 Virtual call에 최적화된 환경 세팅과 성공적인 상담 진행 방법	
Smart Image Making 이미지 중심의 시대에 적합한 전문가다운 이미지 메이킹	**Professional Virtual Call Ⅱ : 고객 유형별 접근 방법** 고객의 관심도와 기술숙련도에 따른 Virtual Call 성공률 높이기		
		On-tact Speech 품격 있는 말하기 방법과 디지털 환경에서의 스피치 스킬	
		PT Skill-up PT 성공률을 높이는 개인별 버추얼 PT 스킬	
		Smart Text Communication 비대면 상황에서 더욱 중요한 텍스트 커뮤니케이션 스킬	

마지막으로 리더들은 구성원들과의 일상적인 커뮤니케이션 방법을 정하고 이를 지속해 나가야 한다. 팀 미팅, 타운홀, 1:1리뷰, 브레인스토밍 세션 등 정기적인 루틴이 있는 조직이 그렇지 않은 조직에 비해 원격

근무 상황에서 더 효과적이었다. 이를 지속하기 위해서는 리더가 일방적으로 계획을 세우고 참여를 강요하기보다는 구성원들이 원하는 커뮤니케이션 방식을 참조하여 진행하는 것이 중요하다. 각 구성원의 현재 수준을 점검할 수 있고, 어떤 커뮤니케이션 방법이 보다 효과적인지 구성원들과 함께 점검해 볼 수 있는 기회가 될 것이다.

뉴노멀 시대, 세일즈 리더가
생각해야 할 '육성/코칭' 포인트

앞서 포스트 코로나 시대에 영업 리더의 역할과 역량 그리고 어떻게 커뮤니케이션하고 코칭해야 하는지 살펴보았는데 지금부터는 코로나 시대에 리더들이 생각해봐야 할 리더십 포인트를 논하고자 한다.

열린 학습 VS 닫힌 학습

한 교수가 제자들에게 숫자 2, 4, 6이 쓰인 카드를 차례로 나열해 보여주었다. 그리고 다음에 나올 숫자와 함께 규칙을 맞히도록 했다. 실험에 참가한 학생들은 오직 그 규칙에 맞는 다음 숫자를 제시해 답을 맞혀야 했는데, 원하는 만큼 숫자를 부를 수 있지만 규칙은 단 한 번에 맞혀야 했다. 대다수의 학생들은 8이라는 숫자를 말했는데, 교수는 "규칙에 유의하지 말라"는 힌트를 줬다. 이어서 학생들은 10, 12, 14의 숫자를 댔지만 그때마다 교수는 똑같이 "규칙에 유의하지 말라"고만 답했다. 그러던 중에 어느 학생이 대표로 교수에게 말했다. "교수님, 규칙은 마지막 숫자에다 2를 더하는 것입니다." 하지만 교수는 정답, 즉 규칙이 아니라고 했다. 학생들은 단순한 결론만을 내리고 있었다.

그런데 한 학생이 전혀 다른 접근을 했다. 그 학생은 처음에 4를 부르며 교수의 반응을 살폈다. 교수는 "규칙에 유의하라"고 말했다. 학생은 "그렇다면 7입니까?"라고 물었다. 교수는 다시 "규칙에 유의하지 말라"고 말했다. 그 학생은 그 후로 여러가지 다른 숫자를 불렀다. 24, 9, 43… 학생은 일부러 틀린 답을 부르는 시도를 한 것이다. 그 학생은 충분히 테스트를 한 후 답변했다. "교수님, 규칙은 다음 숫자가 바로 앞의 숫자보다 더 커야 한다는 것입니다."

정답이었다. 많은 학생들이 오답을 냈는데, 이 학생은 어떻게 정답을 맞혔을까? 차이는 하나였다. 다른 학생들은 머릿속에 있는 이론이나 경험에 따라 정답을 맞히려 했는데, 이 학생은 일부러 틀린 접근을 하면서 다양한 테스트를 했다는 점이다. 새로운 시도를 한 것이다. [8]

이 테스트는 일반적으로 사람들이 가지고 있는 확증편향Confirmation bias에 관한 실험이었다. 확증편향이란, 우리가 가지고 있는 기존의 이론이나 세계관, 경험, 정보들이 맞다고 생각해서 새로운 정보를 받아들이지 못하는 것을 의미한다. 코로나 시대에는 모든 것이 새로울 수밖에 없다. 닫힌 학습, 즉 자신의 경험만을 우선시하고 새로운 툴이나 방법론을 받아들이는 것을 소홀히 한다면 새로운 환경에서의 영업조직을 이끌어 갈 수 없을 것이다. 코로나 시대에 세일즈 리더들에게 필요한 것은 새로운 것을 적극적으로 받아들이고, 또 구성원이 뛰어난 역량(리더보다 뛰어난 역량)을 보이면 이를 배우고 공유하려는 열린 학습의 태도이다.

생산성 극대화를 위한 접근 vs 창의성 극대화를 위한 접근

이스라엘의 심리학자 마이클 바엘리Michael Bar-Eli와 그의 동료들은 엘리트 축구선수들을 대상으로 재미있는 실험을 진행했다. 바로 골키퍼들이 페널티 킥을 막을 때 어느 방향으로 움직이는지 실험한 것이다. 페널티 킥의 상황에서 골키퍼는 키커별로 평소 선호하는 방향을 분석해 알아 두거나, 키커가 볼을 차는 순간 디딤발을 보면서 킥의 방향을 예측해서 움직인다. 키커가 어느 방향으로 킥을 하는지 보고 움직이게 되면 볼을 막을 수 없기 때문이다. 그런데 전 세계 최고의 리그와 챔피언십에서 286번의 페널티 킥을 분석하자, 재미있는 결과가 도출됐다. 확률적으로 봤을 때, 골키퍼에게 있어 최적의 전략은 골 중앙에 머무르는 것이었지만 실제로 골키퍼는 오른쪽이나 왼쪽으로 점프를 하는 경우가 많았던 것이다. 다음 표에서 키커는 좌측, 중앙, 우측을 거의 골고루 선택했으나 골키퍼의 점프 방향은 주로 좌측이나 우측으로 쏠려 있는 것을 볼 수 있다.

경제학의 고전적 가정에 따르면, 사람들은 불확실한 결정 문제에 직면할 때 예측되는 결과의 확률 분포를 고려하여 무엇을 할 것인지 선택해야 한다. 때문에 경우에 따라서는 아무 행동을 취하지 않는 것이 나은 결정이 될 수도 있다. 하지만 문제는 보통의 의사결정은 이렇게 이성적으로 이뤄지지 않는다는 데에 있다. 행동편향의 이슈가 발생하는 것이

골키퍼의 점프 방향

		왼쪽	중앙	오른쪽	Total
	왼쪽	18.9%	0.3%	12.9%	32.2%
	중앙	14.3%	3.5%	10.8%	28.7%
킥 방향	오른쪽	16.1%	2.4%	20.6%	39.2%
	Total	49.3%	6.3%	44.4%	100.0%

다. 행동편향Action-bias은 비록 아무 소용이 없더라도 어떤 행동을 취하는 것을 의미한다. 9

코로나 시대의 영업 리더들도 행동편향의 유혹에 빠지기 쉽다. 리더는 비대면 상황에서 팀원들에게 업무를 위임하고 이슈가 발생하면 이를 해결하는 문제해결에 집중해야 한다. 하지만 보이지 않는 상황, 재택근무의 상황에서 뭐라도 해야 한다는 압박감에 불필요한 화상회의 혹은 보고를 진행하는 식이다. 타이트하게 짜여진 스케줄에 따라 일하면서 스스로 생산성을 높이고 있다고 위안을 얻고자 하는 것이다.

조직의 생산성을 높이겠다는 명목으로 적정 인력을 산출하기 위한 인사 조직 컨설팅을 진행하다 보면 이러한 오류에 빠지는 경우를 종종 볼 수 있다. 일반적인 적정 인력 산출 방법은 각 개인의 직무와 일하는 시간을 분석하여 100%를 기준으로 얼마나 생산적인 업무를 하고 있는지 측정하는 것이다. 일반적으로 생산직과 같이 루틴한 업무 또는 사전에 짜여진 업무를 하는 직무의 경우 이러한 접근이 효율적일 수 있다. 하지만 고객과 불확실한 미팅이나 상담을 진행해야 하고, 보다 창의적인 접근이 필요한 영업의 경우, 이런 방식으로 생산성을 측정하기는 쉽지 않다. 리더들이 코로나 시대에 생각해 봐야 할 포인트는 바로 이러한 생산성에 관한 인식이다.

다음에 나오는 퍼즐 게임은 생산성에 대한 인식이 늘 맞지는 않는다는 것을 보여준다. 빈 공간을 활용해 숫자 블록을 옮겨 순서대로 맞추는 것이 이 게임의 목표다. 만일 이 퍼즐에서 빈 공간을 없애면 어떻게 될까? 낭비되는 공간이 사라지기 때문에 공간 활용도는 100%가 된다.

▌ 톰 드마르코의 퍼즐 비유 10, 11

7	1	6
4	8	3
2	5	

7	1	6
4	8	3
2	5	9

하지만 우리 업무를 이렇게 꽉 채우게 되면 어떨까? 생산성은 100%가 되겠지만 공간을 다르게 활용할 수 없게 되면서 유연성은 떨어질 것이다. 그리고 조직의 긴장감, 스트레스 등은 높아질 것이다. 비대면 상황에서 구성원의 일거수일투족을 체크하려고 하고 생산성을 100% 높이려

고만 한다면 이렇게 조직의 긴장감 또한 높아지는 부작용이 발생할 수 있다. 이와 반대로 구성원들이 새로운 생각을 할 수 있도록 하고 생산성 향상을 위한 통제보다는 창의적인 활동을 할 수 있도록 여유를 주면서 새로운 세일즈 활동을 유도하는 것이 코로나 시대에 맞는 리더십일 것이다. 리더들이 '뭐라도 하자!', '일단 하고 보자!'라는 강박관념에서 벗어날 때 세일즈 조직의 유연성, 적응성agility 또한 높아질 수 있다.

정보 통제 vs 정보 공유

코로나 이후에 업무현장에서 가장 화두가 된 키워드가 있다면, '비대면', '재택근무'를 꼽을 수 있을 것이다. 이러한 비대면, 재택근무가 일상이 되면서 가장 많이 바뀐 부분 중 하나가 바로 정보의 흐름이라고 할 수 있다. 과거에는 팀에 필요한 정보가 리더를 통해 전파되는 것이 일반적이었다. 오프라인 미팅의 경우 특정 인원만 참석했기 때문에 중요 정보는 대체적으로 리더들에게 먼저 제공되고 그 후에 팀원들에게 흘러가는 구조였다. 그러다 보니 자연스럽게 정보의 비대칭이 발생할 수밖에 없었다. 정보 비대칭Information asymmetry이란, 경제학에서 시장의 각 거래 주체가 정보의 보유량에 차이를 보이는 불균등한 정보 구조를 말한다. 이러한 정보의 불평등 현상으로 인해 정보를 더 많이 가지고 있는 쪽이 권력을 갖게 된다. 가장 대표적인 케이스가 중고차 시장이다. 중고차 딜러는 소비자들에 비해 차량에 대한 정보를 더 많이 가지고 있기 때문에 그 정보를 바탕으로 자신에게 더 유리한 조건으로 차량을 판매하고 이득을 취할 수 있다.

위와 같은 정보 비대칭은 과거에는 리더들이 권력과 유리한 위치를 차지하게 하는 원인으로 작용했다. 아무래도 더 많은 정보를 가지고 있으면 자신의 업무에 유리한 쪽으로 정보를 활용하고자 하는 유혹이 생기기 때문이다. 하지만 비대면 환경에서는 이것이 부정적으로 흘러갈 위험이 높다. 예를 들어 리더가 구성원들에게 정보를 공유하지 않고 혼자만 알고 있다면 구성원들은 이 정보를 알 수 없어 업무를 제대로 진행하지 못하게 되면서 일의 진척이 더디어질 수밖에 없다. 정보의 공유가 더디어질수록 조직의 의사결정이나 업무처리에 오류가 발생할 가능성이 높아지는 것이다.

이라크에서 JSOC Joint Special Operations Command, 합동특수전 사령부 사령관을 지낸 스탠리 맥크리스탈 Stanley A. McChrystal은 그의 저서 『Team of Team』에서 정보 보안이 생명인 군대에서 오히려 정보 공유의 중요성을 느끼게 되었다고 이야기하고 있다. 누구나 알고 있듯이 군은 정보가 생명이다. 특히 적의 심장부, 주요시설을 타격해야 하는 특수전 부대의 비밀유지, 보안은 더욱 중요하다. 하지만 아이러니하게도 그 특수전 사령부의 리더가 정보 공유의 중요성을 역설하고 있는 것이다. 과거에는 정보란 울타리 안에서 보호해야 하는 것이었고, 필요에 따라 특정인에게만 공유했다. 하지만 정보가 점점 더 많아지고 시스템이 복잡해지면서 누가 어떤 정보를 필요로 하는지 파악하기가 어려워졌다. 그리고 현장에서 근무하는 특수전 요원들 사이에서는 정보가 제대로 공유되지 않는다는 불만이 터져 나왔다. 그는 변화의 필요성에 대해서 다음과 같이 이야기했다.

"우리는 정보에 대한 문화를 바꿔야만 했습니다. 벽을 허물고 공유해야만 했습니다. '누가 알아야 하는가'가 아니라 '누가 모르고 있는가'에

▌과거의 통제된 정보

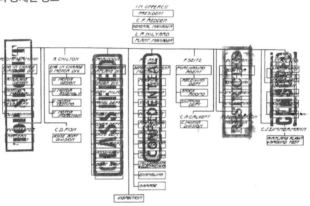

▌정보가 유통되는 모습

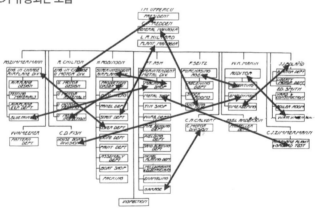

집중해야 했습니다. 그리고 모두에게 말해주어야 했습니다. 그것도 가능한 한 빨리요. 뼛속부터 비밀을 가진 단체에게 이것은 아주 중요한 문화의 변화였습니다."

군대만큼 정보가 통제되고 또 효율성을 추구하는 곳이 없다. 하지만 그는 복잡하고 혼돈스러운 환경 속에서 발생하는 모든 것을 한순간도 확신할 수 없고 그렇기 때문에 더더욱 정보의 소통과 공유가 중요하다고 말하고 있다. 또한 그는 '업무의 파장'이라는 개념을 통해서 더 많은 소통과 정보 공유가 왜 중요한지 설명하고 있는데 아래 그림에서처럼 전략을 다루는 사령관, 회사로 치면 임원들은 사고의 파장이 길다. 큰 그림을 보기 때문에 보다 긴 호흡으로 깊은 사고를 하는 것이다. 하지만 현장의 실무자에 가까워질수록 업무의 파장이 얕아진다.

▌ 업무의 파장

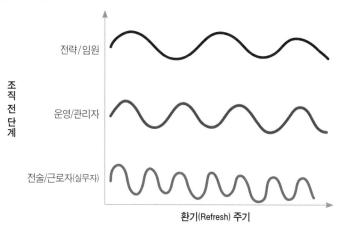

출처: Deloitte University Press|DUPress.com

업무의 파장을 군대에 비유하자면, 수립한 전략을 작전 명령 형태로 중간 제대(대대, 중대)와 소부대에 순차적으로 전파하는 것이다. 회사라면 중장기 전략을 수립하고, 이것을 그룹 단위에서 개인 단위로 전파해 나가는 방식이다. 그러나 맥크리스털은 시간이 경과함에 따라 상황이 달라질 수 있기 때문에 더욱 잦은 정보의 공유와 그에 따른 권한 위임이 중요하다고 이야기한다. 여기서 그가 강조하고자 하는 포인트는 과거와 같은 하향식 체크나 명령이 아니라 '대화'에 있다. 또한, 모든 구성원은 기능적이면서도 주도적으로 과업을 수행해야 한다. 결국, 그가 강조하는 열린 환경과 정보의 민주화는 불확실한 환경에서 모든 것이 작동되게 만드는 핵심열쇠인 것이다.

비대면 환경에서 세일즈 리더가 과거와 같이 정보를 통제하고 독점해서는 안 된다는 것은 맥크리스털 장군이 말하는 군대의 사례와도 비슷하다. 원격으로 업무가 이뤄지고 리더가 그것을 눈으로 확인할 수 없는 상황이라면 팀 내 정보 공유가 더욱 원활해져야만 빠르고 제대로 된 의사결정이 가능해진다. 경우에 따라서는 구성원이 리더로부터 권한을 위임받아 먼저 의사결정을 내린 후에 보고가 이뤄질 수도 있다.

그렇다면 비대면 환경에서 리더는 정보를 어떻게 공유해야 할까? 맥크리스털 장군이 이라크에서 실제로 진행한 일명 '운영과 정보 회의O&I: Operations and Intelligence Meeting'에서 힌트를 얻을 수 있다. 그는 2,000명의 부대원을 대상으로 일주일에 6일, 하루 2시간씩 정보를 공유하는 회의를 진행하였다. 미국 워싱턴 시간으로 아침 9시, 이라크에서는 4시에 사령부 전체가 전 세계 어디서든 화상으로 2시간에 걸친 정보 공유에 참여했다. O&I는 정보를 얻거나 공유하고자 하는 모든 사람에게 열려 있었다. 장군부터 사병까지 누구나 업데이트하고 질문할 수 있는 민주적인 정보 공유 미팅이었다. 물론 2시간은 엄청 긴 시간이지만 누구나 자유롭게 참여할 수 있다는 장점이 있고, 전장 환경의 정보를 반드시 들어야 하는 군의 특성상 2시간은 대단히 중요한 시간이라고 할 수 있다.(군의 특성상 24시간 지속적으로 작전이 진행되기 때문에 그들의 2시간은 일반 회사의 2시간과 다르다는 점을 이해하고 바라봐야 한다.)

　　O&I 미팅의 특징은 다음과 같다.

1) 정보는 쉽게 시대에 뒤떨어지므로 빠르게 공유해야 한다.
2) 어떤 정보에 가치가 있는지 가장 잘 판단하는 사람은 정보의 최종
　사용자다.
3) 정보를 가장 잘 이해하는 사람은 그 정보의 사용자다.
4) 정보를 이해하는 가장 좋은 방법은 함께하는 것이다.

　　맥크리스털이 도입한 이러한 정보 공유시스템 덕분에 JSOC의 적 급습 횟수는 월 10회에서 무려 300회로 증가했다. 정보 공유를 통해 신속한 의사결정과 적에 대한 정보 파악이 용이했기 때문이다. [12]

　　정보 공유의 핵심은 더 자주 소통하는 것이다. 우리가 앞서 백종원의 코칭 사례 그리고 글로벌 제약사의 코칭 사례를 통해서 살펴봤듯이 비

대면 상황에서 리더들은 더 많은 소통을 시도하고 정보를 공유해야 한다. 정보를 쥐고 있어서는 안 된다. 리더가 정보 공유를 하면서 팀원들에게 해야 할 질문은 단 2가지이다.

1. 이번 주 우선사항은 무엇인가요?
2. 내가 어떻게 도와줄까요?

일을 체크하는 것이 아니라 구성원이 현재 진행 중인 일에 어떤 어려움이 있고 리더가 그 문제를 해결할 수 있게 어떤 도움을 줘야 하는지에 집중하는 것이다. 또 팀원의 업무 우선순위를 확인하기만 하면 되는 것이다. 13

성장 마인드 셋 vs 고정 마인드 셋

얼마 전 우연히 '뭉쳐야 쏜다'라는 예능 프로그램을 보게 됐다. 이 프로그램은 다양한 종목의 국가대표 출신 스포츠 선수들이 자신의 종목이 아닌 축구를 하면서 재미있는 에피소드를 만들었던 '뭉쳐야 찬다'의 후속작이었다. '뭉쳐야 쏜다'에서는 이전 프로그램의 축구팀에서 선수로 뛰었던 허재 선수가 감독으로, 감독이었던 안정환 감독이 선수로 등장하면서 화제가 되기도 했다. 그 중 필자들의 눈을 사로잡았던 장면을 소개하고자 한다. 그 장면은 바로 선수로 뛰면서 헤매던 허재 감독이 감독으로서 작전타임을 진행하는 모습이었다.

허재 감독은 형편없는 선수들의 모습을 지적하며 수비를 강조했다.

문제는 여기서 나타났다. 허재 감독이 'Get two' 수비를 하라고 강조했는데, 선수들은 생전 처음 듣는 농구용어였기 때문에 전혀 알아듣지 못했던 것이다. 야구선수였던 김병현 선수는 'Get two'를 야구에서 이어서 던지는 '계투'로 엉뚱하게 받아들였으며, 다른 선수들도 모두 허재 감독이 하는 말을 이해하지 못해서 어리둥절해하는 모습이었다. 농구에서 'Get two' 수비는 한 사람이 두 명을 수비하는 것을 의미하는 아주 기본적인 용어지만, 다른 종목 출신의 선수들에게는 매우 생소한 용어였던 것이다. 여기서 우리는 흔히 업무상황에서 발생하는 두 가지 이슈를 확인할 수 있다. 첫 번째는 '변화에 대한 인지'다. 허재 감독은 기존에 농구팀에서 감독을 하던 경험을 바탕으로 '뭉쳐야 쏜다' 팀을 이끌려고 했지만, 이것이 실수였다. 환경, 사람 그리고 선수들의 역량까지도 모두 다른 상황이었기 때문에 변화된 상황을 빨리 파악하고 상황에 맞는 전략을 수립해야만 했다. 두 번째는 '상대방의 수준에 맞는 커뮤니케이션의 중요성'이다. 허재 감독은 다른 팀원들의 현 수준을 전혀 고려하지 않은 채 자신의 눈높이와 입장으로만 커뮤니케이션하고, 상대의 관점을 배려하지 못했다. 물론 예능이라서 이러한 부분들이 극단적으로 표현되긴 하였으나, 이 모습을 보면서 코로나 상황과 비슷하다는 생각을 했다.

코로나 상황에서는 이전보다 더 세심하게 상대의 입장에서 커뮤니케이션해야 한다. 특히 리더는 구성원들이 비대면 상황에서 어떤 환경에 놓여 있는지 배려하고 접근할 수 있어야 한다. 각자의 근무환경이 달라지기 때문이다. 누군가는 아이들과 함께 있어서 화상 미팅이 어려울 때도 있을 것이고 또 누군가는 가족들과 함께 있는 공간이라서 업무가 어려울 수도 있다. 또 영업의 경우 담당하는 지역이나 제품군에 따라서 기존과 전혀 다른 환경에 놓일 수도 있다. 리더가 더 고려하고 배려해야 할 점이 많아지는 것이다.

이럴 때 필요한 것이 성장 마인드 셋이다. 마인드 셋은 스탠퍼드 대학교 심리학과 교수인 캐럴 드웩CAROL S. DWECK, PH.D.이 제기한 이론이다. 성장 마인드 셋Growth mind set은 자신의 재능과 능력이 발전될 수 있다고 믿는 마음가짐으로, 부단한 노력, 훌륭한 전략, 그리고 다른 사람들의 지원과 도움을 통해 현재의 능력 수준을 높일 수 있다고, 누구나 자신의 재능을 성장시킬 수 있다고 믿는 것이다. 즉, 상황이 달라져도 얼마든지 성장할 수 있고, 상황은 언제든 변할 수 있다는 생각으로 새로운 것을 받아들이고자 하는 것이 바로 성장 마인드 셋이다. 리더와 구성원은 모두 변화된 환경을 인정하고, 기존과 다른 새로운 학습을 통해 성장하려는 마인드를 기본으로 삼아야 한다. 리더들도 상대의 관점에서 구성원들이 성장할 수 있다는 믿음과 태도를 가지고 변화를 이끌어야 하는 것이다. 반대로 고정 마인드 셋은 자신의 재능과 능력이 불변하고 고정되어 있는 자질이라고 믿는 것을 말한다. 아무리 노력한다 해도 바꿀 수 없다고 생각하는 것이다. 14

예를 들어, 엄청 어려운 프로젝트 과제를 받았다고 해보자. 고정 마인드 셋을 가진 사람은 노력을 해도 결과가 나오지 않으면, 금방 좌절하고 자신의 역량이 부족하다며 스스로를 책망한다. 결국 '내가 하는 게 그렇지 뭐…'라고 생각하며 포기한다. 반대로 성장 마인드 셋을 가진 사람은 실패를 하더라도, '또 도전하면 되지', '더 노력해야겠어'라고 생각하며 자신의 부족함을 채우려고 노력한다.

코로나가 발생한 이후, 가장 많은 변화가 있었던 분야가 바로 교육 분야일 것이다. 물론 다른 산업도 많은 변화가 있었겠지만 교육만큼 일하는 방식이 크게 변한 곳도 드물 것이다. 기존의 오프라인 중심의 집합교육이 비대면 라이브 클래스 혹은 플랫폼을 이용한 학습으로 변했고, 심지어 학생들의 경우 이제는 등교보다는 줌을 이용한 학습에 익숙해질 정도이다. 따라서 강의를 주 업으로 하시는 분들의 경우 많은 변화를 몸소 겪어야 했다. 자연스럽게 이러한 변화에 변화를 꾀하고 새롭게 자신을 발전시키는 강사가 있는 반면, 기존의 방법만을 고수하며 자연스럽게 도태된 강사들도 있다. 특히 생업이 달린 기업교육 업계에서는 줌이나 팀즈와 같은 새로운 툴을 다루지 못하겠다며 다른 사업을 알아보는 강사들도 꽤 볼 수 있었다. 성장 마인드 셋이 아닌, 고정 마인드 셋을 가지고 있었기에 변화하는 환경 속에서 성장 가능성을 가늠하지 못한 것이다.

영업조직에서 변화된 코로나 환경에 큰 어려움을 느끼는 쪽은 아무래도 젊은 팀원이나 직원들보다는 리더급 팀장들일 것이다. 얼마 전 모 그룹 교육팀장과의 미팅에서 흥미로운 이야기를 들었다. 지난해부터 임직원을 대상으로 기존의 집합교육을 대신해 줌을 활용한 라이브 교육을 진행하고 있는데 예상외로 반응이 긍정적이라며 코로나 종식 후에도 비대면 교육을 활용할 것이라는 내용이었다. 교육 후 설문조사에서 사원, 대리급 직원의 80%가 코로나가 완전히 종식되더라도 교육은 줌과 같은 비대면으로 진행하는 것을 선호한다는 결과가 나왔다는 것이다. 하지만 부장급 리더들은 생각이 달랐는데, 45%만이 비대면 교육을 선호한다고 답변했다고 한다. 과거의 방식으로 10~15년 이상 직장생활을 해 온 리더들의 경우 아직까지는 새로운 방식이 어색하고 또 익숙하지 않을 수도 있다. 이러한 상황은 영업도 다르지 않을 것이다. 우리가 앞서 살펴본 대로 코로나 시대의 영업조직에 필요한 역량은 디지털 역량, 콘텐츠 제작 능력 등 기존과는 완전히 다른 역량들이다. 이제는 성장 마인드 셋으로 마음가짐을 바꾸고, 변화를 받아들이면서 새로운 것에 익숙해져야만 코로나 시대에서도 이전과 같은 성과를 낼 수 있을 것이다.

| CHECK LIST | 포스트 코로나 시대, 영업 리더의 리더십/코칭과 커뮤니케이션 진단표 |

구분	체크리스트
영업 리더의 역할과 리더십	☐ 수평적 조직문화에 기반한 플레잉 코칭형 리더십을 지향하는가?
	☐ 애자일한 조직구성과 운영을 추구하는가?
	☐ 초개인화 이슈에 맞게 각 구성원의 상황을 고려하는가?
코로나시대의 영업 리더의 역량	☐ 비대면 환경에 맞게 구성원들과 효과적으로 의사소통하며, 비대면 환경에서 팀 미팅을 이끌어 나가고 상황에 맞게 피드백, 코칭할 수 있는 역량을 가지고 있는가?
	☐ 급변하는 경영환경 속에서 리스크를 사전에 예측, 대비하며, 효과적으로 대응할 수 있는가?
	☐ 코로나 시대에 맞게 전략적 목표 설정을 하며, 성과를 극대화하기 위하여 조직(조직의 자원)을 운영, 관리해 나가고 있는가?
	☐ 비대면 환경에서 타 부서, 혹은 부서 내에서 협업을 통한 문제 해결 역량을 가지고 있는가?
코칭과 커뮤니케이션, 리더의 마인드	☐ 비대면 상황에 맞는 커뮤니케이션 방법과 툴을 도입하여 적용하고 있는가?
	☐ 경험에 기반한 과거에 사로잡혀 있지는 않는가?
	☐ 우리 영업조직은 빠른 대응just in time, 초개인화just for me, 효율성just enough을 추구하는가?
	☐ 변화에 민감하게 대처하며, 끊임없이 학습하는 마인드를 지니고 있는가?
	☐ 비대면 상황에서 구성원들에게 적절한 피드백과 코칭을 진행하고 있는가?
	☐ 정보를 소유하기보다는 적극적으로 정보를 공유하고 있는가?
	☐ 코로나 시대에 구성원들의 창의성을 극대화하고 새로운 방식을 도입하기 위한 노력을 지속하고 있는가?

5장

세일즈 뉴노멀 #5
'영업조직의 운영'

뉴노멀 시대, 세일즈 조직의
이상적인 운영 방법은 무엇인가?

우리는 앞서 세일즈 조직의 일하는 방식의 변화, 세일즈 리더십 그리고 조직문화 등 전반에 걸쳐 다양한 변화에 대해 살펴보았다. 하지만 이러한 세일즈 조직의 일하는 방식, 소프트 스킬, 리더십 뿐만 아니라 조직 운영 측면에서도 고민이 필요하다. 어찌 보면 세일즈 리더에게는 권한 밖의 일일지도 모른다. 따라서 이번 장에서는 세일즈 리더를 비롯하여 사업부 전체를 총괄하는 리더나 경영진에게도 생각할 거리를 제공하고자 한다. 물론 세일즈 리더, 구성원들이 해결해야 할 과제에 대해서도 함께 이야기할 것이다. 코로나 시대에서 세일즈팀의 실행력을 높이기 위해 리더들은 무엇을 해야 하는지, 전사 차원에서 조직이 어떻게 운영되어야 하는지 이번 장을 통해 함께 생각해 보자.

CASE STORY 5 세일즈 조직의 운영과 역할 전환

*Story구성은 실제 현장 기업 사례를 토대로 하되, 일부 세부 내용/정보를 각색한 것

A사는 20여 년 동안 헬스케어 업계에서 탄탄한 기술력을 쌓아온 히든 챔피언이었다. 그렇게 지속적으로 성장을 가속화하던 중 2020년 코로나로 인해 유례없는 역성장을 경험하였고, 현재는 그에 대한 해결책 도출에 여념이 없다. 상황이 악화되다 보니 조직 내에서는 전사 전략을 담당하는 전략팀 그리고 상품기획을 담당하는 R&D조직과 세일즈를 담당하는 사업부서 간의 갈등, 즉 전략부서와 실행부서 간의 갈등 조짐도 보이고 있다. 전략과 기획을 담당하는 조직은 기존에도 '영업조직이 제품에 대한 요구사항이 많고, 제품 탓만 하며 제대로 된 성과를 내지 못한다'는 불만이 있었는데, 이러한 불만이 코로나로 인해 더욱 심해진 것이다. 반대로 영업조직은 '전략, 기획 부서들이 자신들의 요구사항이나 코로나로 인해 변화된 시장에 빠르게 대응하지 못하고 있다'며 매출 부진의 화살을 돌리고 있는 상황이다.

특히나 코로나로 인해 영업조직은 작년부터 내부적으로 더욱 더 챌린지를 받고 있었다. 영업활동은 코로나 이전보다 활발하게 이뤄지지 못하고 있는데 매출은 크게 줄어들고 있지 않아서 경영진으로부터 영업조직의 역할에 대한 챌린지가 강해지고 있었던 것이다.

이에 경영진은 기존의 일하는 방식을 개선하고 코로나 시대에 맞는 사업 역량을 극대화하고자 혁신 TF팀을 구성하였다. 새롭게 구성되는 혁신 TF 조직의 헤드는 최근에 회사에 합류한 마케팅팀장이 신선한 시각으로 담당하되, 구성원들은 기존에 각 부서에서 근무하던 직원들로 구성하여 업무 진행 시 여러 조직의 이해관계를 고려할 수 있도록 하였다. 혁신 TF팀장 K는 기존 조직에 대한 진단부터 진행하였다. 새롭게 일을 셋팅하고 추진하기 위해서는 아무래도 기존 조직의 일하는 방식에 대한 이해가 우선되어야 했기 때문이다.

A사는 앞서 설명한 대로 세계 1위의 기술력을 갖춘 장비 제조업체이다. 주로 전 세계에 수출을 하는 업체였기 때문에 영업조직은 해외 영업조직을 중심으로 구성되어 있었고, 국내 시장은 R&D에서 제조한 제품을 가장 먼저 테스트하는 테스트 베드의 역할을 하고 있었다.

영업은 주로 오프라인 전시회를 위주로 진행되었으며, 영업팀은 1년에 10회 이상 전시회에 참여해 딜러를 확보하고 관리하는 일에 집중하고 있었다. 다만, 영업 담당자별로 지역을 나눠서 관리하고 있었기 때문에 해당 지역의 이슈나 히스토리를 잘 아는 사람은 담당자뿐이었다. 또, 영업이 오프라인을 중심으로 활발하게 이뤄지는 편이라서 상대적으로 온라인 마케팅과 광고, PR 활동은 유기적으로 연계되어 관리되고 있지는 않았다.

R&D 조직에서는 개발자가 하나의 제품을 전담해 개발하고 있었고, 회사 운영이 R&D 중심으로 이뤄지다 보니 영업조직과도 갈등이 있었다. 게다가 최근 들어 개발자에 대한 대우가 좋아지고 회사에서도 특별히 관리하게 되면서 영업조직은 상대적으로 조직에서 소외받고 있다는 피해의식이 팽배해 있었다. 상품개발은 영업과 전략팀 그리고 마케팅팀에서 아이디어 혹은 딜러와 시장의 니즈를 R&D 조직에 전달하면 단계별로 제품에 적용하여 개발하는 형태로 진행되었다. 문제는 기획자 한두 명의 아이디어가 반영되어 제품이 개발되다 보니 시장의 니즈 반영이 제대로 이루어지지 않거나, 시장성 분석이 안 되는 경우가 발생한다는 점이었다.

혁신 TF팀장 K는 각 팀별 조직 구성원과 인터뷰도 진행하였다. 그 결과, 영업조직과 기획부서 간의 갈등의 골이 깊어지고 있다는 점이 가장 큰 문제로 부각되었다.

Q. 조직이 성과를 내기 위해서 어떤 부분을 개선해야 할까요?

영업팀장 문제는 전략하고 R&D에요. 생각을 해 보세요. 저희 같은 장비 제조사는 솔직히 현장에서 뛰어야지 별 거 있나요? 더 적극적으로 전시회에 나가고, 딜러도 발굴하는 거죠. 그런데 고객이 원하고 있고, 당장 전시회에서 그 제품을 보여줘야 하는데 본인들 일정상 안 된다고만 하는 게 말이 됩니까? 그런데 회사는 기획부서 위주로 돌아가니 답답할 노릇이죠. 돈은 영업이 다 벌어 오는데 말이에요. 작년이야 코로나 때문에 어쩔 수 없었지만, 모든 회사가 똑같았잖아요. 고객이 발주를 주저하는데 매출이 날 수가 없죠. 그러니까 이번에 R&D의 문제점을 조목조목 따져서 보고서에 넣어 주세요. 아마 팀장님도 조금만 보시면 제가 한 말이 무슨 뜻인지 잘 알게 되실 거예요.

R&D팀장 영업에서는 뭐라고 하던가요? 사실 핵심은 개발과 전략, 마케팅이죠. 경영진도 그렇게 말씀하시잖아요. 기획은 개발과 전략에서, 실행은 영업에서 하는 거라고 말이죠. 제 생각에 가장 큰 문제는 저희 조직에 시장 반응이 제대로 전달되지 않고 있다는 점인 것 같아요. 영업에서는 그저 단편적인 고객 불편사항만을 전달하는데, 저희가 제품 개발과 개선을 하고 있는 입장에서 딜러가 이야기하는 불편사항을 바로바로 적용할 수는 없잖아요. 물론, 영업 입장도 이해하지만, 업무의 경중을 생각하자는 겁니다. 솔직히 말해서, 영업이 현장에서 세일즈를 해야지, 상품 탓만 하고 있으면 되나요? 게다가 제가 말을 안 해서 그렇지, 요즘 코로나 때문에 영업도 제대로 못하고 있잖아요. 그런데도 매출이 어

느 정도 나오는데, 이거 어떻게 해석해야 할까요?

전략팀장 전사의 과제를 조율하고 업무가 진행되게 해야 하는데 이게 아무래도 각 팀의 이해관계가 다르고 또 일종의 피해의식이 작용해서 이런 갈등이 생긴 것 같아요. 아무래도 경영진이 전략과 개발에 더 방점을 두고 강조하시고 영업은 단순 실행에 집중하라고 하시다 보니 영업이 소외된 경향이 있어요. 하지만 경영진이 그런 의사결정을 내렸다고 해도, 각자의 역할이 있는 건데 사내에서 정보가 유기적으로 공유되지 않았다는 건 좀 아쉬운 부분이죠. 전략팀이 그 안에서 역할을 못한 부분도 있고요. 코로나로 각국의 상황이나 고객의 반응을 확인하기 어려운 것도 문제이고요.

Q. 영업은 어떻게 이뤄지나요? 정보는 어떻게 공유되고 있나요? 그리고 정보획득을 위해 어떤 노력이 진행되고 있나요?

영업팀 A과장 영업은 주로 딜러를 통해서 이뤄지죠. 저희는 주로 대형 전시회에 제품을 전시하면서 신규 딜러를 확보하거나 각 지역 엔드유저에게 제품을 알리는 역할을 하고요. 웹사이트에서 고객 문의가 오면 해당 지역 담당자가 딜러에게 전달하죠. 뭐, 그 다음은 딜러가 알아서 하는 거죠. 정보 획득을 위한 노력이요? 전시회 나가기 전에 해당 전시회를 담당하는 에이전시 통해서 웹사이트 배너 정도 거는 거죠. 정보는 딜러를 통하거나 출장을 가서 얻기도 하고, 전시회에서 고객을 만나서 얻는 경우도 있어요. 정보의 추적관리요? 글쎄요. 팀장님도 미팅해 보셔서 아시겠지만, 저희가 막 전달해도 전달이 잘 안 된다는 느낌이에요. 그래서 딱히 데이터가 공유되는 것 같지는 않아요. 저희 팀에 정보 공유나 전시회 보고서를 담당하는 직원이 있긴 한데 저는 딜러 관리하기도 바빠서요.

Q. 그럼 전시회 정보나 딜러 관리는 어떻게 하고 계신가요?

영업팀 B과장 딜러는 해외 출장이나 전시회 때마다 미팅도 하고 주기적으로 콘퍼런스콜을 하고 있죠. 비교적 지역별로 체계적인 관리가 되고 있긴 해요. 굳이 문제를 꼽자면 전시회 다녀와서 보고서를 공유하긴 하는데 담당자가 교체되면 딜러별 히스토리를 알기 위해서 보고서를 전부 확인해야 한다는 문제점이 있어요. 아무래도 지역별 담당자만 지속적으로 추적 관리하다 보니 정보 공유가 안 되고 있는 게 사실이죠.

만약 여러분이 K 팀장이라면 이 문제를 어떻게 해결할 것인가?

솔루션 #1 영업조직, 인사이더가 돼라

각 조직마다 상황이 다르긴 하지만 많은 기업들이 위 A사의 사례와 같이 영업조직은 그동안 판매에만 집중해왔던 것이 사실이다. 더욱이 A사처럼 전략/기획 부서와 실행부서를 완벽하게 나누고 프로세스 기반으로 업무를 하게 되면 역할과 책임에 따라 각자의 제한된 직무만을 수행할 수밖에 없다. 과거의 제조 기반, 판매자 중심의 기업에서는 이렇게 프로세스 기반으로 제품을 만들고 영업하는 방식이 효율적이었다. 만드는 사람은 만드는 것에만 집중하고 파는 사람은 파는 것에만 집중하는 것이다. 그런데 우리가 앞서 살펴본 것처럼 코로나 시대 그리고 VUCA 시대에는 이러한 제조사 중심의 접근은 더 이상 성공하기 어렵다. 고객의 니즈가 다양화되고 시장이 다변화된 상황에서는 전통적인 프로세스가 통할 수 없는 것이다.

문제를 해결하기 위해서는 영업조직이 단순히 밖에서 고객만 만나고 제품을 파는 역할에 그쳐서는 안 된다. 조직의 아웃사이더 역할이 아닌 인사이더가 되어야 한다. 여기서 인사이더란, 정보를 확산시키고 각 조직의 연결 구심점 역할을 하는 일종의 정보 생산자, 확산자로서의 역할을 해야 한다는 의미다.

일반적으로 세일즈 프로세스상의 정보의 흐름은 아래 그림과 같다. A

▌세일즈 프로세스상의 정보의 흐름

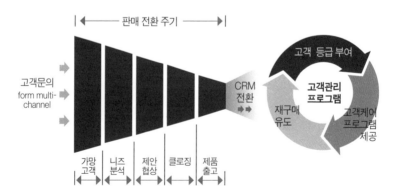

사의 영업조직이 제대로 된 역할을 하려면 각 영업 단계에서 확보되는 정보가 다른 조직에도 잘 전달되고 이를 통해 시장에 효과적으로 대응할 수 있어야 한다. 그리고 그 과정에서 영업조직은 정보의 중심 역할을 해야 한다. 실제로 필자들은 국내의 대표적인 제조기업인 L사의 조직 컨설팅을 진행하면서 각 조직의 업무 성과를 향상시키기 위해 어느 부서와의 협업이 필요한지 조사했다. 그 결과에 따르면, 기업 내 많은 부문들이 영업과 R&D 본부와의 협업이 필요하다고 인식하고 있었다. 즉, 조직의 각 부문들이 일상적 업무 또는 프로젝트를 진행하면서 보다 나은

▌ L사의 협업필요 지도, 진단결과

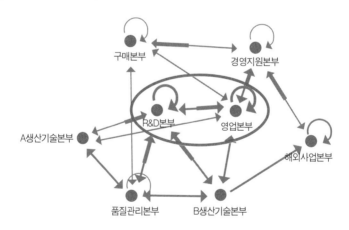

- 동그라미는 각 본부를 의미함.
- 화살표는 협업 필요관계와 방향을 의미함.
- 화살표의 굵기는 필요량을 의미함.
- 본부 간 협업 필요관계가 8개 이상인 경우에만 표시함.

성과를 달성하기 위해서는 영업부서와의 적극적인 커뮤니케이션을 통해 필드의 정보를 정확하게 파악하고, 그들의 실행력을 바탕으로 제품을 다시 시장에 전파하는 것이 핵심 요소라고 할 수 있는 것이다.

영업조직이 인사이더, 정보확산자가 되어야 하는 이유 1: 정보의 가시화

A사와 같이 영업조직이 소통의 중심이 되지 못하는 경우, 소비자의 요구사항Voice Of Customer이 발생하거나 제품에 이슈가 생겨도 사내 유관부서들 간에 정보의 유통이 원활하지 못하고 제한적으로만 이뤄지게 되면서 동일한 실수가 반복해서 일어나거나 고객에 대한 이해도가 낮아질 수밖에 없다. 뿐만 아니라 영업팀과 지원 및 생산부서와의 커뮤니케이션도 부족하고, 제공되는 정보의 예측 정확도가 떨어지게 되면서 시장의 물량 수요에 제대로 대응하지 못하고, 인력의 효율적인 운영도 제한되는 경우가 많다.

하지만 영업조직이 인사이더가 될 경우, 고객의 구매 전 단계에 걸쳐 세일즈와 마케팅 데이터가 수집되고 분석되면서 개발과 긴밀하게 연계될 수 있다. 또한 정보의 흐름이 원활해져 정보를 보다 가시적으로 활용될 수 있게 된다. 결국 고객으로부터 나온 모든 정보가 공유, 분석됨으로써 이를 피드백하여 제품을 개선하고 발전시켜 나갈 수 있게 되는 것이다.

앞서 살펴본 바와 같이 A사는 정보의 데이터화와 이를 지속적으로 공유하는 시스템이 부재한 상황이었다. 또 설령 전시회나 특정 딜러로부터 정보가 획득되더라도 이를 피드백하고 공유하는 시스템 역시 마련돼

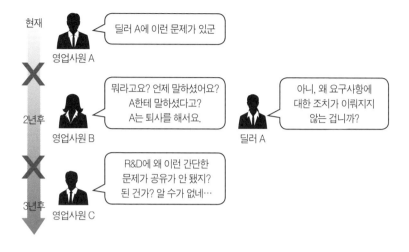

있지 않았다. 이런 문제점은 위 그림과 같은 이슈를 발생시킬 수 있다.

A사와 같은 이러한 문제를 해결하기 위해서는 전시회, 딜러, 홈페이지 등 각종 채널로부터 들어오는 정보를 전사에 공유하고, R&D, 생산 등 해결 담당부서가 고객으로부터 접수된 이슈를 처리한 후 이 결과를 다시 공유할 수 있는 시스템을 구축할 필요가 있다. 또한 전시회, 각종 마케팅 채널에서 획득된 데이터는 주 단위 혹은 월 단위로 회고 미팅을 통해서 잘못된 점과 잘된 점을 공유하는 자리를 마련하여 문제를 빠르게 해결하고 문제점이 있다면 이를 보완하고 발전시키도록 해야 한다. 마치 애자일 조직의 스프린트리뷰 미팅을 진행하듯이 리뷰 미팅을 정례화하여 조직의 지속적인 학습 및 보완과 발전을 위한 프로세스를 도입하는 것이다.

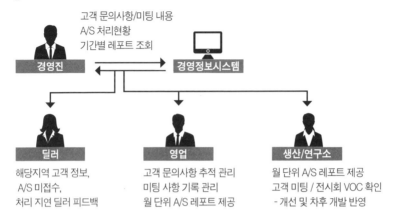

│ 이상적인 정보 흐름 / 가시화 시스템의 모습

고객 문의사항/미팅 내용
A/S 처리현황
기간별 레포트 조회

경영진

경영정보시스템

딜러

해당지역 고객 정보,
A/S 미접수,
처리 지연 딜러 피드백

영업

고객 문의사항 추적 관리
미팅 사항 기록 관리
월 단위 A/S 레포트 제공

생산/연구소

월 단위 A/S 레포트 제공
고객 미팅 / 전시회 VOC 확인
- 개선 및 차후 개발 반영

레포트 기능

※ 설정하는 기준에 따라 세일즈, 고객정보, A/S 처리현황 등 조회
출력결과 ① 고객 정보(고객 관리 카드 : 미팅 정보, 이슈 등)
         ② 세일즈 각 단계별 현황(파이프라인 현황)
         ③ A/S 레포트, 제품 이슈(제품 개선을 위한 정보)

이렇게 가시화 시스템을 통해 정보의 흐름이 명확해지면 모든 고객관련 정보가 데이터화되기 때문에 영업은 고객의 니즈, 자사 상품에 대한 보완 요구사항 등을 가감 없이 내부에 전달할 수 있게 된다. 이를 통해 영업팀은 상품기획, 마케팅 전략 수립, 생산 대응 등 사내 각 부서의 정보의 첨병 역할을 하게 되고, 부서간 근거 없는 비방이 아닌 발전적 커뮤니케이션이 가능하게 되는 것이다.

무엇보다 고객의 의사결정에 초점이 맞춰지기 때문에 고객의 니즈에 따라 각 단계별 접근 전략을 구체화할 수 있게 된다. 특히 대형 고객의 경우 모든 부서가 적극적으로 개입하여 대응할 수 있게 되어 영업팀 입장에서는 보다 빠르게 고객의 요구사항에 대응할 수 있게 된다. 코로나 시대의 핵심은 빠른 대응이므로 영업조직은 조직의 중심에서 정보의 링크 역할을 함으로써 대응 타이밍을 앞당겨 주어야만 한다.

영업조직이 인사이더, 정보확산자가 되어야 하는 이유 2: 사일로의 해소

위 A사에서 나타난 조직 간의 정보 단절, 부문별 경쟁 구도가 심화될 경우 심각한 사일로 현상Silo effect이 발생할 수 있다. 사일로silo는 원래 곡식 및 사료를 저장해 두는 굴뚝 모양의 창고를 가리키는 말이다. 사일로 현상은 조직의 부서들이 각자 자신들의 창고에 사료를 저장하는 것에 빗대어 다른 부서와 소통하지 않고 내부의 이익만을 추구하는 부서 간 이기주의 현상을 뜻하는 용어다.

이러한 사일로 현상의 대표적인 케이스가 한때 전 세계 1등 기업이었던 소니Sony다. 소니는 의도적으로 사일로를 만들었다. 각 사업부별로 독립 채산 구조를 만들고 별도의 회사처럼 운영하게 만든 것이다. 물론 처음부터 소니가 사업부별로 독립 경영을 진행한 것은 아니었다. 창업자인 모리타와 이부카가 경영에서 물러난 후 1989년에 오가 노리오가 CEO로 취임하였는데 그는 방대해진 조직을 통합시키고 강력한 중앙 집권적 통치로 사업을 진행해 나갔다. 그렇게 탄생한 것이 소니의 플레이스테이션이었다. 오가의 독재적인 경영 방식은 회사를 발전시켰지만, 사내에서 상당한 반발을 불러 일으켰다.

그리고 2년 뒤 오가의 뒤를 이어 이데이 노부유키가 새로운 CEO로 취임하였다. 이데이 노부유키는 오가와 달리 직원들이 공감할 만한 방식으로 회사를 운영하고자 했고, 그는 방대하고 복잡해진 조직을 효율적으로 관리하려면 회사를 전문적인 독립 집단으로 세분화할 필요가 있다고 판단했다. 그래서 단일 기업체로 운영되었던 소니를 8개의 독립 컴퍼니(후에 10개 회사로 재편)와 25개의 사업부로 분류했다. 이때 그는 이렇게 말했다.

"책임 소재를 명확히 하고 권한을 이양하여 외부 변화에 신속하게 대응할 수 있도록 조직의 구조를 단순화하고, 21세기에 걸맞은 역동적인 경영 기반을 조성하기 위해 기업가 정신을 고취하고 위계 단계를 축소할 필요가 있습니다."

이렇게 독립적인 조직을 만들면 투명성과 책임성, 효율성이 증가할 것이라는 취지에서 추진한 일이었다. 일정 부분 사실이기도 하다. 독립 조직을 만들면 각 조직에서 수익성을 책임져야 하기 때문에 조직을 효율적으로 운영할 수 있고, 또 경영에 대한 책임 소재도 명확해진다는 장점이 있기 때문이다. 다만, 사일로가 생겼을 때 경계 간 정보의 단절, 협력의 어려움, 소통 부재 등의 단점을 완화하는 장치와 제도가 반드시 뒷받침되어야만 한다.

그러나 소니는 이러한 장치들을 마련하지 못한 채, 다양한 문제를 맞닥뜨려야만 했다. 독립된 사업부들이 서로 정보를 교류하지 않고 각자자신들의 사업부를 보호하려고만 한 데다 심지어 우수 인력에 대한 사업부 이동도 막기 시작했던 것이다. 물론 이데이 노부유키도 이러한 부작용을 알고 있었고, 네트워크 정신을 강조하며 같은 제품 라인의 부서들은 서로 정보를 교류하라고 권고하기도 했다. 하지만 사내 협력이 완전히 중단되면서 누구도 쉽사리 교류하려고 하지 않는 사일로 현상이 점점 심각해진 것이다.

그런데 생각해 보면 2000년대 후반에 들어서면서 많은 기업들의 사업 간 경계는 오히려 모호해지기 시작했다. 하드웨어와 소프트웨어의 경계도 파괴되는 등 영역과 경계의 파괴가 더욱 심화된 상황에서 소니의 정책은 시대의 흐름을 역행한 것이라고 볼 수 있다. 그 결과를 우리는 너무나도 잘 알고 있다. 워크맨, TV 등 가전기기 세계 1위였던 소니는 이제 삼성전자에게 그 자리를 넘겨주고 말았다. 재미있게도, 이러한 소니와 정반대 행보를 보였던 것이 애플이다. 애플의 경우 엔지니어들이 사업부별로 혹은 부서별로 실험을 진행하게 내버려 두지 않고 사내에서 사일로는 철저하게 경계했다. 잡스의 후임자 팀쿡은 나중에 이렇게 말했다. "애플은 독립적인 손익구조를 가진 '사업부문'이 없습니다. 회사 전체가 하나의 손익계정으로 운영됩니다."[1]

소니의 사례에서 볼 수 있는 것처럼 부서 간 혹은 사업부 간 사일로의 형성은 우리의 눈과 귀를 막게 된다. 그 결과 정보 교류는 단절되고 각 부서들은 자신들의 이익만을 생각하게 된다. 위에서 살펴본 A사의 경우 조직 간의 사일로가 존재하는 상황인데, 코로나로 이 사일로가 더 심해진 것이다.

우리가 코로나로 재택근무, 비대면이 활성화된 상황에서 주의해야 할 점이 바로 사일로 현상이다. 비대면 상황에서는 부서간 교류가 어려워지고, 이로 인해 정보의 공유도 원활히 이뤄지지 않게 된다. 또한, 대면 상황에서는 타 부서가 어떤 일을 하는지 잘 몰라도 눈에 보이기 때문에 옆 부서나 인접 부서의 상황은 비교적 쉽게 인식할 수 있었다. 하지만 이제는 서로 보이지 않는 상황이기 때문에 정보의 교류가 더욱 중요하게 느껴지고, 다른 사람들이 어떻게 일하는지 또 내가 어떻게 일하고 다른 사람은 나를 어떻게 생각하는지가 더 신경이 쓰이게 된다.

이처럼 정보의 흐름이 막힌 상황에서는 영업부서가 정보의 생성과 흐름의 주체가 되어야 한다. 영업부서는 일선에서 정보의 유입과 확산을 모두 가능케 할 수 있기 때문이다. 그러므로 영업부서는 아웃사이더에서 벗어나 인사이더로서 조직의 중심에서 정보가 흐르게 하는 역할을 해야 하는 것이다.

솔루션 #2 전략과 실행을 통합하라

앞서 살펴본 A사의 경우, 전략, 상품기획 부서와 실행부서인 영업조직을 분리하여 운영하고 있다. 기업에서 이렇게 전략부서와 실행부서의 분리 강화가 시작된 것은 1970년대 이후부터였다. 두 차례에 걸친 석유파동을 겪으면서 기업들이 불확실한 경영환경에 대응하기 위한 전략의 중요성을 인식하였기 때문이다. [2]

그 후로 기업마다 전략기획실, 경영전략팀 등 전략을 전담하는 부서들이 생겨났다. 전략부서는 일반적으로 회사의 목표설정, 손익목표와 각종 지표, 회사의 자원Resource을 관리하는 업무를 담당한다. 즉 연초에 수립된 전사의 목표가 제대로 실행되고 있는지 확인하고 관리하며, 의사결정에 대해 조언을 하는 역할을 한다. 또한 별도의 신사업 전략이나 거시적인 전사 전략을 수립하는 역할을 하기도 한다.

이렇게 전사 관점의 전략을 수립하고 신사업에 대한 대응 전략을 수립하는 조직은 필요하다. 모두가 현재만 바라보고 움직일 때 미래를 바라보고 대비하는 양손잡이 경영은 조직이 지속 성장하기 위해 필수적이기 때문이다. 하지만 전략부서와 실행부서를 완벽히 분리하고 프로세스에 따라 전략을 실행하는 것은 지금과 같은 코로나 시대에는 맞지 않다.

A사와 같은 일반적인 전략 실행 프로세스는 다음과 같다.

▎전략 실행 프로세스 3

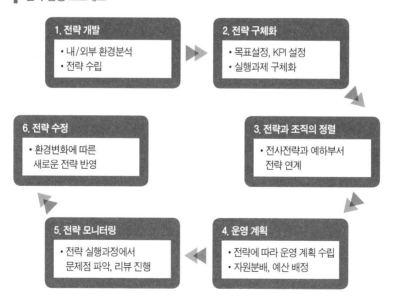

1. 전략 개발
- 내/외부 환경분석
- 전략 수립

2. 전략 구체화
- 목표설정, KPI 설정
- 실행과제 구체화

3. 전략과 조직의 정렬
- 전사전략과 예하부서 전략 연계

4. 운영 계획
- 전략에 따라 운영 계획 수립
- 자원분배, 예산 배정

5. 전략 모니터링
- 전략 실행과정에서 문제점 파악, 리뷰 진행

6. 전략 수정
- 환경변화에 따른 새로운 전략 반영

이렇게 단계별 프로세스를 따를 때의 문제점은 무엇일까?

첫 번째 문제점은 계속해서 새로운 정보가 제공될 때 빠른 대응에 제약을 받을 수밖에 없다는 것이다. 그리고 이러한 선형 전략 실행 방식 Linear Strategy Execution의 경우 전략과 실행은 공식적으로 분리된 영역이기 때문에 앞서 언급된 실행조직과 전략부서, 혹은 개발부서와의 사일로가 생길 수 있다. 특히 전략을 수립하는 단계에서 실행 단계에 대한 정보를 얻지 못해 미래에 대한 예측력이 떨어지게 되고, 결국 계속해서 변화하는 고객의 반응에 빠른 대응을 할 수 없게 되는 것이다.

두 번째 문제점은 중도에서 전략을 철회하기가 어렵다는 것이다. 선형 전략 실행 방식을 적용한다면, 조직 구조상 상위 부서나 전략수립부서에서 전략을 수립하게 되는데, 수립한 전략이 설령 잘못됐다는 생각이 들더라도 전략을 수립하기까지 이미 많은 시간과 리소스가 투입된 탓에 전략에 매몰되어 현실을 쉽게 받아들이지 못하는 우를 범할 수 있다. 이러한 현상을 '몰입의 상승escalation of commitment'이라 하는데 어떤 의사결정을 내린 후 시간이 지나면서 그것이 잘못된 선택이었다는 결정적인 증거와 새로운 정보가 나타나는데도 과거의 의사결정에 몰입되어 집착하는 현상을 말한다.

가장 대표적인 케이스가 베트남 전쟁이다. 1960년대 존 F 케네디 대통령은 미국의 베트남 전쟁 참전을 결정했는데, 전쟁 참전 후 반년이 지나지 않아 미국이 전쟁에서 승리하기 어렵다는 증거와 정보들이 속출했다. 특히 미국이 그동안 경험하지 않았던 베트남의 정글 전장 환경과 그들의 게릴라 전술 등을 고려해 보면 전쟁의 패배 확률이 높을 수밖에 없었다. 하지만 초기 의사결정에 대한 확신과 우방국의 전쟁 참전 등은 의사결정권자들의 몰입 수준을 대폭 상승시켰고, 그 결과 10여 년의 전쟁 동안 무려 6만여 명의 미군이 전사했고, 미국 역사상 최초의 패배를 맛보게 한 전쟁으로 기록되었다. 4

기업에서도 전략부서와 실행부서가 분리될 경우 빠르게 의사결정을 변경하기 어렵고 정보가 제공되더라도 그것을 받아들이기 어렵게 되는 것이다. A사의 R&D 부서가 주장하는 것처럼 "기획은 우리가 담당하고, 현장의 사람들은 실행에만 집중해야 한다"고 생각하는 순간 이러한 몰입의 상승이라는 덫에 더 쉽게 걸러들 수 있다.

세 번째로 우리가 영업조직(실행조직)과 전략부서를 나눠야 한다고 생각하는 것 자체가 일종의 도그마Dogma로 작용하고 있다는 점이다.

도그마 가톨릭 교회에 있어서 신앙상의 진리에 관한 불변의 정리로서, 이성의 비판이 허용되지 않으며, 무조건적으로 믿어야 하는 것을 뜻함

즉, 전략은 상위 부서, 경영진 혹은 리더가 담당하여 외부 전략 컨설턴트 혹은 내부 전략부서와 함께 수립하고, 실행은 현장에서 다른 조직이 해야 한다는 일종의 고정관념인 셈이다. 흔히들 조직의 브레인(최고 경영진 혹은 전략부서)이 생각하고 의사결정하여 손과 발(실행부서)은 머리가 시키는 대로 행동해야 한다고 말하는 것과 일맥상통한다. 여전히 많은 기업에서 이러한 생각을 가지고 조직을 경영하고 있기도 하다. 예를 들어 패션 업계의 전통적인 업무 프로세스를 생각해 보면, 먼저 경영진이

나 디자이너들이 주축이 되어 매 시즌별로 예상되는 유행 스타일을 선정하고, 이를 대량으로 제작해서 각 유통 채널로 뿌려서 판매하는 방식으로 이뤄졌다. 최일선의 영업사원들은 단지 그때그때 생산된 제품들을 잘 판매하는 것이 주요 업무였던 것이다.

하지만 고객들의 니즈가 다양해지고 빠르게 변화하면서 SPA브랜드들의 경우 일선의 영업사원들에게서 고객이 원하는 스타일을 파악하고, 이를 빠르게 상품화시켜 현장에 출시하는 업무 프로세스를 채택하고 있다. 영업의 역할을 단순히 판매에만 국한시키지 않고 제품의 기획자이자 가치 전달자, 그리고 사후 관리자로서의 역할까지 수행하게 한 것이다. 위 A사의 경우처럼 고객의 다양한 니즈와 시장 환경에 적극 대응해야 하는 경우라면 영업과 전략의 통합이 절대적으로 필요하다. 더욱이 코로나로 인해 현장에서 먼저 빠르게 의사결정하고 대응해야 하는 경우는 더 늘어났기 때문이다. 5

코로나 시대의 불확실성 속에서 우리는 전략의 수립과 실행에 대해서 다시 한 번 생각해 봐야 한다. 특히 앞서 언급한 선형적 전략 프로세스의 단점을 보완하고, 보다 유연하게 전략을 실행하기 위해서는 영업과 전략부서, 상품부서가 단절이 아니라 선순환구조전략실행 루프, Loop Strategy Execution로 전략을 실행해 나가야 한다.

이러한 전략실행의 선순환구조가 구축되면 현장의 다양한 정보들이 빠르게 통합되고 관리되어서 조직 전략에 반영될 수 있다. 외부 환경의 변화에 조직이 빠르게 대응할 수 있게 되는 것이다. 또한 전략과 실행이

전략실행의 선순환, LOOP STRATEGY EXECUTION 6

전략 실행의 선순환(전략실행 루프)

① **정보 수집&정보의 패턴 식별하기**Make Sense 영업 환경의 다양하고, 복잡하고,

불완전한 정보의 패턴을 식별하기 위해 데이터를 수집, 분석하는 단계

*정확한 장기 예측이 아니라 빠르게 한 번 루프를 실행시키기 위한 정보 수집 및 분석 단계

② **우선순위 결정**Make Choices 조직의 자원과 관심의 초점을 집중시키기 위해 명확

한 우선순위를 결정하는 단계

③ **전략의 실행**Make Things Happen 앞서 우선순위로 결정한 사항이 이뤄지도록 실

행에 집중하는 단계. 여기서 핵심은 전사의 목표가 일치되어야 한다는 점이다.

*실행의 과정에서 활용할 수 있는 방법론: 스크럼, 칸반, 스프린트

④ **전략의 수정/보완**Make Revisions 새로운 기회와 위협을 판단하고 전략을 수정 보

완하여 다시 실행할 준비를 하는 단계. 이 과정에서 기존의 방법들은 완전히 포

기하는 경우도 발생

통합되어 움직이기 때문에 책임 전가 상황도 막을 수 있게 된다. 마지막으로, 지속적인 정보 공유와 이를 바탕으로 한 빠른 개선이 가능해진다.

솔루션 #3 전략 실행의 간극을 줄이고 실행력을 높여라

코로나 시대에는 특히나 실행력이 중요하다. 시장의 변화가 빠르고, 각 경쟁사의 비즈니스 모델 또한 시시각각 변해감에 따라 빠른 대응이 필요하기 때문이다. 앞서 A사의 사례를 통해 가장 이슈가 되는 부분을 어떻게 해결해야 할지 살펴봤지만, 실은 문제의 핵심은 실행력에 있다고 해도 과언이 아니다.

그러나 안타깝게도 많은 조직들이 실행에 어려움을 겪고 있다. 매해 10월 익년도 사업전략을 수립하기 위해서 많은 시간과 인력을 투자했던 보고서와 전략회의가 그럴싸하고 보기 좋은 문서로만 남는 이유는 실행이 되지 않기 때문이다. 실행은 매일 경영현장에서 이뤄지는 의사결정의 총합이라고 할 수 있다. 따라서 이러한 실행의 근본이 되는 것은 조직의 의사결정 구조, 조직의 구조, 정보의 흐름과 공유, 구성원들의 전략에 대한 이해와 동기부여라고 할 수 있다.

그런데 실행력을 높이기 위해서 가장 핵심이 되는 요소로 조직 구조만을 생각하는 경향이 있다. 물론 조직 구조도 중요하다. 조직 구조에 따라 일하는 방식은 물론, 정보의 흐름 또한 달라지기 때문이다. 조직 구조를 바꾸는 것만으로도 가시적인 효과를 바로 가져올 수 있고, 단기적으로 효율성을 빠르게 높일 수 있다. 하지만 이는 단기 처방에 불과하다. 쉽게 예를 들자면, 얼굴에 뾰루지가 났다고 연고를 바르지만 실제 원인은 스트레스나 다른 장기가 좋지 않아서 생기는 것일 수도 있는데 그 원인에 대한 처방을 하지 않는 것과 같은 것이다. 앞서 A사의 문제 해결 솔루션으로 정보의 공유, 사일로의 해체, 전략과 실행의 통합(전략-실행 루프)을 제시한 것은 단기 처방으로 기능장애의 증상만을 해결하고자 하는 것이 아니라 문제의 근본 원인을 제대로 해결하고자 하는 것이다.

실제로 Booz & Company에서 실행력 강화 4대 요소 중 어느 것이 가장 중요한지를 알아보고자 설문조사를 실시했는데, 의사결정권, 정보의 흐름, 조직 구조, 동기부여 가운데 '의사결정권이 제대로 부여되었는지, 정보의 흐름이 제대로 이뤄지고 있는지'가 가장 중요하다는 결과를 도출했다. 7

▌ 실행력 강화를 위한 4대 핵심 요소

정보의 흐름

전략 실행을 위한
정보가 조직 내에서
잘 공유되고 있는가?

의사결정권

전략 실행을 위한
책임과 권한이 명확하며,
적절히 위임되어 있는가?

동기부여

구성원들이
실행에 몰입할 수
있도록 여건이
조성되어 있는가?

조직구조

전략 실행을 위한
조직 및 인적자원이
적절하게 배치되어
있는가?

*좌측이 가장 중요한 요소이며, 우측으로 갈수록 중요도가 떨어짐

많은 CEO들이 조직을 혁신하면서 제일 먼저 하는 일은 사업부를 통합하고 관리조직을 줄이며 실행력을 강화하기 위한 조치를 취하는 것이다. 하지만 이러한 조직 구조를 통한 변화는 새로운 수장이 오면 다시 이전 상황으로 돌아가는 경우도 비일비재하다. 단기간에 효과를 보일 뿐, 근본적인 변화가 아니기 때문이다. 실제로 많은 기업들이 실행력 강화를 위해 지속적으로 다양한 조치를 취하고 있지만 이내 실패하고 만다. 전략의 실행이라는 것은 하나의 결정이나 행동에 의한 결과가 아니라 연속적으로 이뤄지는 통합적 결정 혹은 행동의 산물이기 때문이다.

결국 조직의 실행력을 높이려면 전략실행을 위한 정보의 공유가 우선되어야 한다. 또한 조직 내 역할과 책임, 의사결정의 권한이 제대로 설정되어야 한다. 지금과 같은 코로나 시대에는 영업이나 현장에 더 많은 권한과 역할이 부여되어야 할 것이다.

솔루션 #4 상품 개발에도 영업의 역할이 중요하다

A사의 사례를 통해 전략, 기획과 실행의 이슈를 살펴보았는데, 여전히 해결되지 않은 이슈가 있다. 바로 A사의 제품 개발 프로세스다. 이는 전략의 실행 프로세스와 비슷한 이슈이기도 하다. 다시 A사의 이슈를 살펴보자.

K팀장이 조직 진단을 위해 각 팀의 이슈를 파악하는 과정에서 한 가지 이슈를 더 파악했는데 바로 신제품 런칭에 따른 갈등이었다. A사는 코로나가 발병한 이후인

2020년에 데이터 기반의 소프트웨어 플랫폼 사업을 런칭하기로 계획했다. 새로운 플랫폼은 병원과 환자의 정보를 손쉽게 관리하고 공유할 수 있게 하는 시스템이었다. 이를 통해서 A사는 기존 장비 회사의 한계를 극복하고 코로나로 인한 시장의 변화에 보다 적극적으로 대응하는 동시에 기존 병원 고객의 락인Lock in 효과를 극대화하고자 했다. 병원의 업무 효율을 개선하고 환자들도 본인들의 정보를 쉽게 열람하고 확인할 수 있는 새로운 밸류를 만들어 내고자 기획한 서비스였던 것이다.

회사 입장에서는 새로운 소프트웨어 사업의 런칭에 많은 시간과 비용을 투자하고 신규 인력까지 투입하면서 준비한 만큼 경영진의 기대가 큰 신사업이기도 했다. K팀장은 여기서도 여전히 영업조직과 R&D 조직 간의 갈등을 파악할 수 있었다. 영업쪽에서는 기존의 제품과 연계해 각 병원별로 100% 맞춤형 시스템이 아니라면 성공적인 성과를 거두기 어렵다는 이유로, 계속해서 개발부서에 맞춤형 지원을 요청하고 있었다. 경쟁사 역시 6개월 안에 비슷한 프로그램으로 제품 런칭을 한다는 소문이 있었기 때문에 개발부서에서는 영업의 요구를 무시할 수도 없었다. 이런 상황에서 자사의 신제품이 시장을 선점하지 못하면 앞으로의 시장 지배력 확보가 쉽지 않은 건 당연한 일이었다. 특히 이러한 플랫폼 비즈니스는 최근 해외에서 대형 유통사를 중심으로 확산되고 있는데 다행히도 아직 국내에는 확산되지 않아 상대적으로 무주공산인 상황이다 보니 제품 런칭과 초반 마케팅이 더더욱 중요할 수밖에 없었다. 영업의 이러한 요구와는 달리 R&D측은 인력의 부족과 더불어 제품 런칭에 완벽을 기하기 위해서라도 병원 단위로 맞춤형 지원은 불가능하다는 입장을 취하고 있는 상황이다.

K팀장은 영업, R&D 각각의 주장이 나름 일리가 있다고 생각한다. 다만, 지금과 같은 시장 상황에서는 더 이상 시간을 지체하기보다 방향을 잡아 빠르게 시장에 런칭하는

것이 우선이라고 생각했다. 문제는 '어떻게 고객이 만족할 만한 제품을 선보이면서 또 각 팀의 갈등을 최소화하느냐'였다.

A사의 제품 런칭 프로세스

신제품 런칭 프로세스는 다른 기업과 마찬가지로 각 기능별 프로세스에 따라 순서 대로 진행되었다.

① R&D팀에서 처음 선행 기술에 대한 기획을 진행한 후, 경영진에 새로운 제품에 대한 제안을 하고 이에 대한 사업기회를 타진하는 것으로 제품 런칭이 시작된다.

② 경영진이 신제품에 대한 제안을 수용하면 마케팅팀에서는 고객 니즈와 경쟁사 조사 등을 통해서 제품 요구사항을 구체화하고 이를 하드웨어 팀과 소프트웨어 팀에 각각 넘긴다.

③ R&D팀에서는 제품 요구사항을 기반으로 제품의 사양을 확정하고 제품 개발에 착수하게 된다.

④ 제품 사양이 확정되고 나면, 이를 생산팀에 넘겨 생산팀에서 제품 양산을 위한 준비를 진행한다.

이러한 개발 프로세스는 전통적인 개발 프로세스로, 일명 '폭포수 모델Waterfall model'이라고도 한다. 폭포수 모델은 소프트웨어 개발 생명주기SDLC: Software Development Life Cycle에 기반하고 있는 소프트웨어 개발 기법으로 '선형순차 모델, 단계적 생명주기'라고도 한다. 한 번 떨어지면

거슬러 올라갈 수 없는 폭포수와 같이 소프트웨어(제품개발) 개발도 이전 단계를 확실히 매듭짓고 다음 단계로 넘어간다는 의미에서 붙여진 명칭이다. 때문에 폭포수 모델의 특징은 개발 과정의 각 단계가 명확하다는 점이다. 우선 타당성을 분석한 다음, 사용자의 기능, 성능, 신뢰도 등에 대한 요구를 분석하고, 소프트웨어(or 하드웨어)를 설계하고, 개발을 한 뒤, 통합 테스트를 거쳐, 개발을 완성하고, 최종적으로 유지-보수시키는 등의 단계를 거친다. [8]

　이러한 전통적인 제품 런칭 프로세스는 앞서 살펴본 전략 실행 프로세스와 마찬가지로 몇 가지 문제점을 가지고 있다. 우선 R&D 선행연구 팀에서 제품 제안이 먼저 이뤄지다 보니 몇 사람의 아이디어로만 제품이 런칭된다는 점이다. 다양한 아이디어가 반영되기 어려운 구조인 것이다. 둘째로 원활한 피드백 반영이 제한적이다. 단계별로 진행하게 되면 아무래도 기능조직 단위로 업무를 진행하기 때문에 빠르게 피드백을 적용하기 어렵고, 또 그만큼 시간이 오래 걸린다는 문제가 있다. 마지막 문제는 정보 공유와 고객 중심의 제품 개발에 제한이 있다는 것이다. 단계별로 진행되다 보니 어떤 문제가 발생했을 때 해당 기능 조직 내에서 문제를 해결하고 이를 적극적으로 알리지 않는 경우가 종종 발생한다. 또 고객 중심의 사고를 기반으로 하기보다는 만드는 사람의 입장에서 제품을 기획하고 만들기 때문에 고객의 니즈가 적극적으로 반영되지 않는 문제가 발생할 수도 있다.

영업이 개발에 적극 참여하는 조직 구성 Matrix Organization 과 개발 방법의 변경

전통적인 제품 개발 프로세스를 개선하는 데 있어서 조직 구조는 중요한 이슈다. 앞서 '조직 구조만 바꾸는 것은 솔루션이 될 수 없다'라고 이야기했기에 의아하게 생각하는 독자가 있으리라 생각되는데, 단순한 조직 구조의 변경이 아니라 일하는 방식의 변형을 꾀하기 위한 매트릭스Matrix 조직 구성이라면 위에서 언급된 문제를 해결하는 솔루션이 될 수 있다. 즉, 영업과 R&D, 마케팅, QA와 생산이 마치 한 팀처럼 움직이면서 서로 정보를 공유하고 고객의 피드백을 실시간으로 반영할 수 있는 매트릭스 형태의 조직으로 변형하는 것이다. 이는 기존에 기능별로 구분되어 있던 조직을 매트릭스 구조로 변형시켜 기능조직에 속해 있으면서도 제품 단위로 업무 처리가 가능하도록 조정한 것이다. 이렇게 되면, 세일즈 조직이 보다 적극적으로 정보를 공유할 수 있고, 고객 반응을

｜ 매트릭스 조직 구조

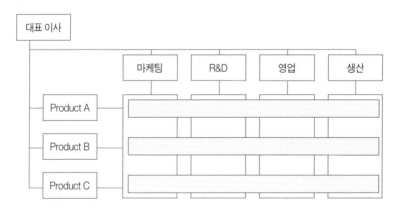

실시간으로 개발부서에 전달할 수 있게 된다.

단순히 조직 구조만 변경하는 것이 아니라 실제 성과관리 측면에서도 기존 조직 고유의 목표와 담당하는 제품의 목표를 동시에 성과관리의 주요 지표로 삼고 서로 공유하도록 하여 책임과 권한을 강화할 수 있다. 또한 제품 개발에 있어서도 전통적인 프로세스를 따르는 것이 아니라, 애자일 방식을 도입하여 빠르게 제품을 개발하고 테스트하는 형태로 전환할 수 있다. 따라서 제품 개발부터 실제 판매까지 전 부서가 정보를 공유하고 회고까지 할 수 있는 제도와 구조를 갖추게 되는 것이다. 그런데 아마도 애자일 개발 혹은 애자일 경영에 대해 관심이 있는 독자라면, 필자들이 지금까지 이야기한 것이 결국 애자일 경영과 일맥상통한다는

▌ 애자일 경영의 흐름- 전략/실행 루프의 이상적인 모습

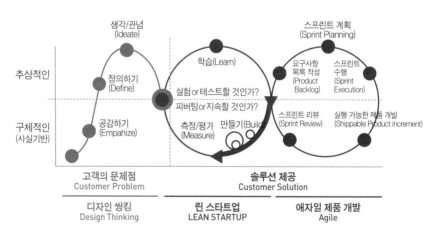

출처: https://medium.com/serious-scrum/combine-design-thinking-lean-startup-and-agile-beware-of-waterfall-in-disguise-46b230f536c9

것을 눈치챘을 것이다.

고객의 구매 전 단계에 걸쳐 세일즈와 마케팅 데이터가 수집되고 분석되어서 앞에서 본 그림과 같이 디자인 씽킹, 린 스타트업, 애자일 개발과 연동되게 하는 것이다. 그러기 위해서 가장 먼저 선행되어야 하는 것이 바로 '가시화'이다. 결국 앞서 제시한 두 가지 솔루션과 연계가 되는 것이다. 고객에서부터 시작하여 고객으로부터 나온 모든 정보가 공유, 분석되고 이를 피드백하여 제품을 개선하고 발전시켜 가는 과정이기 때문이다. 그 과정에서 영업이 주도적인 역할을 하고 동시에 정보를 생산, 확산하는 허브 역할까지 해야 하는 것이다.

CASE STUDY [Spotify] 스포티파이의 매트릭스 조직 구성

A사의 솔루션으로 매트릭스 조직 구조와 애자일 경영을 언급했는데, 실제로 이 솔루션을 적용한 스포티파이의 사례를 소개하고자 한다. 스포티파이는 1억 명 이상의 액티브 유저와 3천만 명 이상의 유료 사용자를 보유한 스웨덴의 음악 스트리밍 서비스 회사다. 2021년부터는 한국에서도 서비스를 제공하기 시작했고, 빠르게 시장을 확대하며 성장하고 있는 기업이기도 하다. 스포티파이는 2008년 출시 이후 사용자에게 지속적으로 더 많은 가치를 제공하기 위해서 자기조직화[2]된 팀들로 구성

---

2) **자기조직화**self-organization란 외부의 입력과는 관계없이 스스로 혁신적인 방법으로 조직을 꾸려 나가는 시스템 구조를 말한다. 즉, 한 시스템 안에 있는 수많은 요소들이 얼기설기 얽혀 끊임없이 상호관계나 복잡한 관계를 재구성하면서 환경에 적응해 나간다. 애자일은 경영환경에 맞춰 끊임없이 변경하고 개선하는 것을 특징으로 하기 때문에 조직, 팀 또한 계속해서 재구성하고 환경에 적응하여 변경해 나가는 것이 특징이다.

된 애자일 경영 방식을 적용해 왔다.

애자일 경영의 핵심은 바텀 업 방식의 혁신을 지속적으로 추구하고 고객 중심적으로 경영을 한다는 점이다. 스포티파이의 팀 역시 고객들에게 항상 새로운 음악을 제공하고, 고객의 흥미를 이끌어 내고자 학습과 혁신을 지속하고 있었다. 무엇보다 중요한 것은 각 부서의 구성원들이 고객에게 가치를 부가하는 새로운 방법을 직접 실험하고 만들 수 있도록 장려하면서 애자일 기반의 조직 문화 형성에 성공했다는 점이다. 스포티파이의 구성원들은 다른 개발 회사처럼 상품을 개선하고 기획할 때 예산 사용 계획서, 제안서 등을 가지고 수직적으로 일련의 승인을 받을 필요없이 사용자 경험에 맞춰서 자기 주도적으로 개선을 이뤄 나갔기에 지금과 같은 성공을 가져올 수 있었다. 그들은 사용자 경험에 초점을 맞춰서 빠르게 프로토타입을 만들거나 대안을 적용하여 테스트하며 이를 통해 학습하고 성장해 나간 것이다.

스포티파이 개발조직의 기본 단위는 스쿼드다. 스쿼드는 스크럼 팀과 비슷한 개념이며, 스타트업 조직과 같이 작은 조직 단위라고 할 수 있다. 스쿼드는 하나의 제품을 개발할 수 있는 역량을 가지고 있어서 디자인과 개발, QA부터 제품의 릴리즈까지 진행할 수 있다. 스쿼드는 자기 조직화된 팀이며 자기 스스로 일하는 방식을 정하기 때문에 어떤 스쿼드는 스크럼 스프린트를 활용하기도 하고 어떤 스쿼드는 칸반을 사용하기도 한다. 아래의 그림은 고객에게 최고의 제품을 경험하게 하기 위해서 각각의 스쿼드가 담당하는 파트를 도식화한 그림이다.

출처: Henrik Kniberg & Anders Ivarsson, Scaling Agile @ Spotify, Oct 2012
https://blog.crisp.se/wp-content/uploads/2012/11/SpotifyScaling.pdf

스쿼드는 MVP**Minimum Viable Product, 최소 단위로 독립 실행이 가능한 제품** 및 유효한 학습(결과가 나온 후 끼워 맞추거나 실패를 감추는 것이 아니라 성장에 필요한 내용을 있는 그대로 보여주는 학습방법)과 같은 린 스타트업 원칙을 적용할 것을 장려한다. MVP는 제품을 최소단위로 자주 빠르게 런칭하는 것을 의미하며, 유효한 학습은 A/B 테스트를 통해서 어떤 부분이 실제로 의미가 있는지 혹은 없는지 확인하고 이를 통해 보완하고 발전해 나가는 것을 의미한다.

스포티파이에서는 스쿼드 내 공식적인 리더를 임명하지 않으나 제품별 담당자 중 프로덕트 오너를 임명한다. 프로덕트 오너는 다른 애자일 조직과 마찬가지로 팀의 우선순위 업무를 선정할 때 책임을 진다. 단, 스쿼드의 일을 통제하거나 직접적으로 일을 하나하나 간섭하는 개념이

애자일 조직의 구성도

P 프로덕트 오너 ● 챕터 리드

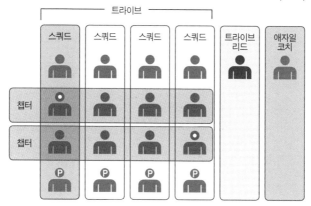

트라이브
동일한 미션을 가지는 업무 관련성이 높은 스쿼드를 묶어 상위 조직화

- 일반적으로 약 150여 명으로 구성

트라이브 리드
- 다른 트라이브와의 업무 조율, 업무 우선순위 설정, 예산 할당, 노하우&인사이트 공유 등의 역할 수행

애자일 코치
- 높은 성과 달성을 위해 개인과 스쿼드를 코칭

스쿼드
새로운 애자일 조직의 기본 단위

- 일반적으로 9명 이하로 구성되며, 자율성을 가진 조직
- 스쿼드 내 다양한 기능을 가진 구성원이 함께 일함
- 엔드유저에게 전달되는 하나의 서비스를 처음부터 끝까지 책임지고 개발하게 됨
- 미션이 변화됨에 따라 기능의 구성도 변화될 수 있음
- 미션을 완료하면 조직을 해체하게 됨

프로덕트 오너
(스쿼드 멤버 중 한 사람으로, 그들의 리더를 의미하지는 않음. 일종의 중개자)
- 스쿼드의 업무 조율, 업무 우선순위 및 백로그와 To-do 리스트 선정 등의 역할 수행

챕터
스쿼드를 가로질러 동일한 직무전문성을 가진 구성원들을 조직화

챕터 리드
- 하나의 챕터를 책임짐
- 챕터 멤버들에 대한 직무적 코칭과 개발, 직무상 발생하는 이슈 해소 및 협력, (필요 시) 직무 수행 표준 등을 관리하는 역할을 수행함

출처: 장재웅, 상효이재, 『네이키드 애자일』 미래의 창(2019), 176 페이지

아닌, 가이드와 코치의 역할을 한다고 할 수 있다. 기본적으로 스쿼드는 하나의 작은 스타트업처럼 일하게 되고 자율성을 보장받는다. 스포티파이에는 약 30개 이상의 스쿼드가 있으며, 업무 관련성이 높은 스쿼드를 묶어서 상위조직화하고 있는데 이를 '트라이브'라 한다. 스포티파이에서 트라이브는 스쿼드의 인큐베이터 역할을 한다. 트라이브의 사이즈는 기본적으로 '던바의 법칙Dunbar's number'을 바탕으로 하여 약 100명 이하의 인원으로 구성된다. 던바의 법칙은 개인이 안정적으로 사회적 관계를 유지할 수 있는 사람은 150명이 최적이라고 말하는 이론이다. 이는 옥스퍼드대학교 로빈 던바Robin Dunbar 교수가 처음 주장한 법칙으로, 던바 교수는 원숭이나 침팬지와 같은 영장류를 대상으로 사교성에 관한 연구를 했는데 연구 결과 복잡한 사고를 담당하는 대뇌 영역인 신피질이 클수록 친구가 많다는 내용이었다. 이를 인간에게 적용하면 약 150명 정도가 될 것이라고 추정했다. 이를 토대로 스포티파이에서는 가장 효율적으로 협력하면서 소통할 수 있는 인원인 100명 이하의 구성원으로 트라이브를 구성한 것이다. [9]

　물론 이렇게 자율성이 극대화된 조직이 모든 면에서 긍정적인 것은 아니다. 특히 작게 나눠진 팀이기 때문에 규모의 경제 측면에서 단점이 명확해진다. 이러한 단점을 보완하기 위해서는 지식과 문제해결 솔루션의 공유가 무엇보다 중요하다. 예를 들어 스쿼드 A에서 어떤 문제를 해결하기 위해서 시간을 소비하고 있는데, 그 문제가 스쿼드 B에서 지난주에 이미 해결한 문제라면 지식의 공유와 소통으로 보다 쉽게 문제를 해결할 수 있기 때문이다.

스포티파이는 이러한 문제를 해결하기 위해서 트라이브 내에서 다시 챕터와 길드를 구성함으로써 자율 조직의 단점을 보완하고 규모의 경제를 어느 정도 이루고 있다. 챕터는 트라이브 내에서 비슷한 영역과 스킬을 가진 그룹을 의미한다.

챕터 리드는 챕터 멤버의 라인 관리자이며, 구성원의 역량 개발, 연봉 책정 등의 전통적인 리더의 역할을 하게 된다. 그러나 챕터 리드는 스쿼드의 일원이기도 하므로 자신의 스쿼드가 진행하는 일상 업무의 한 축을 담당하기도 한다.

┃ 스포티파이의 트라이브 구성

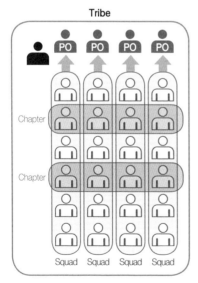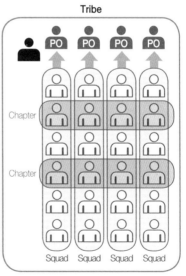

출처: Henrik Kniberg & Anders Ivarsson, Scaling Agile @ Spotify, Oct 2012

반면, 길드는 지식, 도구 및 조직 내 인사이트를 공유하고자 하는 사람들의 모임으로, 보다 유기적인 일종의 커뮤니티다. 챕터는 항상 트라이브에 국한되지만, 길드는 일반적으로 전체 조직 내에서 광범위하게 구성된다. 예를 들면 웹 기술 길드, 테스터 길드, 세일즈 길드, 마케팅 길드 등이 조직에서 구성될 수 있다. 그리고 조직 내에서 해당 길드에 관심이 있는 구성원은 누구나 길드에 가입할 수 있다.

스포티파이의 조직 구성은 우리가 기존에 알고 있었던 매트릭스 형태의 조직이라는 특성을 갖는다. 대부분의 매트릭스 조직에서는 비슷한 기술을 가진 사람들이 기능 부서로 통합되며, 프로젝트 단위로 일을 하고 기능 관리자에게 보고하는 형태를 띄게 된다. 하지만 스포티파이는 이러한 형태로 일하지 않는다. 이들 조직은 세로축으로는 서로 다른 기술 스킬을 가진 사람들이 협력하는 형태로, 가로축으로는 지식, 도구, 코드를 공유하는 형태로 그룹화된다. 세로축에서 프로젝트 오너PO: Project owner가 고객에게 제품을 제공하는 데에 집중하고 관리하는 사업가의 역할을 한다면, 가로축에서는 챕터 리드가 완성도 높은 제품을 만드는 데 집중하기 때문에 상호 긴장감을 주고 보완하는 역할을 한다고 볼 수 있다. 스포티파이는 이러한 매트릭스 조직 구성을 통해 최종 산출물의 고객 전달에 보다 포커스를 맞추고 있다. 10

스포티파이의 애자일 경영을 살펴본 이유는 이상적인 애자일 조직의 모습이기도 하지만, A사와 같은 조직이 가진 문제를 해결하는 데에 있어서 힌트를 제공하기 때문이다. 물론 소프트웨어 개발 조직이기 때문

세일즈 리더들을 위한 애자일 용어 소개

• 린 스타트업

린 스타트업은 아이디어를 빠르게 최소 기능제품(프로토타입)으로 제조한 뒤 시장의 반응을 살피며 제품을 개선하고 발전시키는 비즈니스 전략이다. 특히 린 스타트업은 다른 애자일 방법과 마찬가지로 고객을 최우선으로 지향하고 빠른 학습과 피드백을 적용한다는 점에서 공통점이 있다. 린 스타트업은 토요타에서 처음 시작된 린 제조를 그 뿌리로 두고 있다. 린 제조의 핵심은 개별 노동자의 지식과 창의성을 끌어내는 것, 한 번에 생산되는 제품 양을 줄이는 것, 적시 생산과 재고 관리, 그리고 이러한 주기를 빨리 돌리는 것이다. 이러한 아이디어를 창업가 정신에 적용한 것이 바로 린 스타트업이다. 린 스타트업의 핵심은 실험을 위한 최소기능 제품인 MVP(Minimum Viable Product)를 만들고 평가하는 것이다. 예를 들어 최종 제품의 목표가 완성차라면 운송수단이라는 최소한의 니즈만을 충족하는 시제품을 만들어 테스트하는 식이다. [11]

• 디자인 씽킹(Design thinking)

1990년대에 디자인 컨설팅회사인 IDEO에 의해 처음 소개된 디자인 씽킹은 제품 혹은 서비스를 만들기 위해서 고객 중심적 사고를 기반으로 고객의 핵심 니즈를 파악하는 것을 핵심 요소로 하고 있다. 핵심 니즈를 파악한 후에는 브레인스토밍을

통해서 고객의 요구를 충족시킬 뿐만 아니라 기술적으로도 실현 가능하고 비즈니스에 적합한 일련의 해결책을 고안하도록 한다. 12

· 스크럼(Scrum)

스크럼은 애자일 개발 방법론 중에서 가장 오래되고 많이 알려진 방법으로 짧은 스프린트 단위(동작이 가능한 제품을 만들어 내는 짧은 단위, 반복적인 개발 주기)로 개발을 진행하는 것이 특징이다. 소프트웨어 개발의 복잡성을 최소화하고 고객의 니즈에 맞는 제품과 서비스를 제공하는 데 포커스를 두고 있다. 또한 고객의 니즈에 맞춘 제품 개발을 목표로 삼아 지속적인 보완, 발전을 위한 데일리 스탠드업 미팅과 회고(피드백)를 진행하는 것이 특징이다. 스크럼에서 개발팀은 자기조직적으로 관리되는데, 여기서 자기조직적이라는 의미는 누군가의 지시를 받고 움직이는 형태의 전통적인 수직적·관료적 조직 모습이 아니라 팀원 개개인이 자율성과 책임을 바탕으로 스스로 해야 할 일을 정하고 일을 하는 조직을 말한다. 13

· 칸반

칸반은 일본어로 '게시판'을 의미하는데 여기서는 일종의 적기 생산을 위한 시스템을 의미한다. 이것은 토요타 임원들이 미국에 방문했을 때 슈퍼마켓 진열대에 사용하는 카드를 보고 아이디어를 얻어서 자동차 생산공장에 이러한 방식을 적용시킨 것이라고 한다. 칸반의 핵심은 고객이 원하는 만큼만 제품을 생산해 재고를 효율적으로 관리하고, 또 적기에 다음 공정을 위한 부품을 제공할 수 있게 하는 데에 있다. 칸반은 보다 탄력적인 대안, 예측 가능한 결과, 보다 명확한 투명성, 그리고 개발물의 전달에 초점을 맞추고 있다. 또한 개발 진행사항은 고객과 투명하게 공유할 수도 있다. 고객이 칸반을 공유하게 되면 실시간 피드백과 투명한 결과 공유, 또 애자일의 원칙인 고객 중심적 접근이 보다 명확하게 진행될 수 있다. [14]

• XP(Extreme Programming)

XP는 소프트웨어 품질을 개선하고, 변화하는 고객 요구사항에 대응할 수 있도록 하는 소프트웨어 개발 방법론이다. 애자일 방법론으로서, XP는 최종 사용자에 대한 더 빈번한 릴리스와 짧은 개발 주기를 지원한다. XPExtreme Programming라는 이름은 소프트웨어 엔지니어링 역량이 팀 내에서 극단적으로 발전한다는 생각에서 유래한다. XP에서는 페어 프로그래밍Pair programming에 의한 연속적인 코드 리뷰를 추진함으로써 역량을 끌어올릴 수 있다고 생각한다. 여기서 페어 프로그래밍이란 프로그램 개발을 둘이 같이Pair 하는 것을 의미한다. [15]

• DevOps

DevOps는 최근 들어 가장 많이 사용되고 언급되고 있는 애자일 방법론 중 하나다. DevOps는 소프트웨어 개발 프로세스에 애자일 인프라를 통합하는 것을 주된 목표로 하며, 개발팀과 운영팀이 하나가 되어 빠른 출시를 가능하게 하는 것이 핵심이다. 이를 위해 협력과 소통이 가장 중요한 핵심 이슈 중 하나이며 기술보다는 이러한 협력을 가능하게 하는 문화에 초점을 맞춘다. [16]

에 하드웨어 기반의 제조회사가 100% 같은 방법으로 일할 수는 없을 것이다. 하지만 세일즈 조직 혹은 마케팅 조직이 고객으로부터 얻는 정보를 빠르게 제품 개발, 개선에 반영하고 이를 보완해 갈 수 있다면 지금과 같은 코로나 시대에 이상적인 조직 운영의 방향성과 가이드가 될 수 있을 것이다.

A사의 사례를 다시 생각해 보자. K팀장이 경영진으로부터 받은 요구 사항은 세일즈 조직의 일하는 방식 변화와 조직간 갈등 해결이었다. 하지만 결국 문제는 전사가 애자일하게 일하는 방법을 적용해야 해결할 수 있는 이슈였다. 생각해 보면 애자일 경영은 기술적이거나 고도의 스킬이 필요하다기보다는 고객 중심 사고, 원활한 정보 전달, 서로 협력하는 수평적 조직문화, 개방적인 문화와 전략, 제품의 개선을 위한 현장 중심 피드백의 적용 등 모두 태도에 관한 것이라 할 수 있다.

그러나 애자일 조직, 경영으로의 전환이 이뤄진다 해도 조직 문화가 바뀌지 않는 한, 결코 성공할 수 없다. 애자일 조직이 성공하기 위해서는 각 팀 간의 협력, 중앙집권적 통제보다는 제품 단위의 권한 위임과 신뢰 구축, 그리고 마지막으로 관료주의를 탈피한 기능별 네트워크의 강화와 각 팀 간의 관계의 조정이 무엇보다 중요하다. 결국 조직문화와 마인드인 것이다. 17

또한 애자일로 일하는 방식을 전환하는 것은 리더십의 이슈이기도 하다. 애자일한 조직에서는 앞서 언급한 대로 고객 중심으로 일하고 빠르게 피드백을 반영하여 수정 보완하는 구조이기 때문에 그만큼 정보와 변화가 많을 수밖에 없다. 이런 상황에서 종종 리더들이 저지르는 실수가 통제력을 높이려는 시도다. 더 많은 보고를 원하고 더 많은 결정에 관여하길 원하며 때때로 기능 조직의 통제를 강화하려는 경우도 있다.

애자일하게 일하는 조직에서 기능 중심의 중앙 집중식 통제는 매우 위험할 수 있다. 고객 중심으로 일하고자 하면 빠른 대응이 필수요소인데 기능조직의 통제로 인하여 의사결정이 느려지고 융통성을 저해할 수 있기 때문이다. 신뢰와 통제의 적절한 균형을 찾고 이를 체계적으로 변화시키는 작업과 동시에 애자일 문화의 핵심인 실패와 학습을 통한 성장이 가능한 풍토를 만들어야 한다.

마지막으로 본 케이스의 핵심은 역시 '마케팅과 세일즈의 애자일 방법을 어떻게 정의하고 적용할 것인가'였다. 세일즈와 마케팅 맥락에서 애자일은 각종 채널로부터 수집된 데이터를 분석하여 실시간으로 문제에 대한 솔루션을 찾고 이를 IMC 관점에서 온/오프라인 채널에 적용하여 테스트하고 결과를 평가하면서 이 모든 과정을 신속하게 반복하는 것을 의미한다. 또한 이러한 정보를 개발팀에 신속하게 확산하는 역할까지 도맡아야 한다.

뉴노멀 시대, 세일즈 리더가
생각해야 할 '애자일 경영'

이번 장에서는 코로나 시대에 세일즈 조직이 전략 실행, 제품 개발 프로세스상에서 해야 할 역할과 또 조직 운영의 관점에서 변화해야 할 방향에 대해서 정리해봤다. 우리가 앞서 살펴본 것들을 종합해 보면 실은 애자일 경영과 그 맥락이 닿아 있는 부분이 많다. 따라서 세일즈 리더들이 그리고 경영자들이 지금 생각해봐야 할 포인트는 바로 애자일 경영에 대한 철학, 배경에 대한 이해가 아닐까 생각한다. 특히 많은 리더들이 애자일을 단순히 개발 방법론으로 치부하고 또 빠르게 일하는 것에만 방점을 두는 경우가 많은데 실은 애자일은 리더십, 일하는 문화와 방식과 직결된다.

애자일 경영의 배경과 기본 원칙

애자일 경영을 이해하기 위해서는 가장 먼저 애자일 선언문의 핵심가치를 이해할 필요가 있다. 애자일 선언문에는 기존 방식이 아닌 새로운 애자일 접근 방법의 철학이 담겨 있으며, 이를 뒷받침하는 원칙Principles 12가지가 포함되어 있다. 기존의 일하는 방식을 바꾸고 새로운 개발 방법론을 적용하기 위해서는 이 선언문에 담긴 원칙과 철학을 이해하는 것이 대단히 중요하다. IT개발 조직뿐만 아니라 많은 조직에서 애자일 방법론을 도입하고 혁신을 추구하지만 제대로 적용하지 못하고 실패하고 마는 이유는 이 애자일 선언문에 담긴 기본 배경과 철학, 문화에 대해서 제대로 이해하지 못했기 때문이다. 대부분의 조직이 애자일의 도구나 프로세스 자체에만 집중하고, 정작 일하는 방식이나 원칙에는 크게 관심을 두지 않기 때문에 수박 겉 핥기 식의 도입에 그쳐 결국 실패하는 것이다. 특히 국내 기업의 경우, 조직 운영에 있어 경영자들이 트렌드에 민감한 경향이 강하다. 그래서 해외 선진 기업에서 성공한 케이스라면 그 툴이나 프로세스의 도입을 무조건적으로 지시하여 적용하는 경우가 많다. 애자일 방법론에 대한 컨설팅이나 교육을 요청하는 기업들의 경우에도 그 문화나 철학에 집중하기보다는 애자일의 극히 일부분인 유연성과 빠른 대응에 집중하여 도구, 시스템에 집착하는 경우가 많은데 전형적으로 형식에만 집착하는 케이스라 할 수 있다. 이런 기업의 경우 조직에 애자일 방법론이 잠시 유행처럼 번지다 결국 흐지부지되고 다시 옛날의 모습으로 돌아갈 것이 불 보듯 뻔하다. 중요한 것은 애자일의 문화와 철학이다. 왜 애자일이 탄생하게 되었고 어떤 방향을 추구하는지, 핵심이 무엇인지 이해해야 한다.

애자일 선언문은 애자일 도구와 원칙들이 생겨난 근원이라 할 수

애자일 소프트웨어 개발 선언문 Manifesto for Agile software development [18]

We are uncovering better ways to develop software by doing it and helping others do it. Through this work we have come to value:

1. Individuals and interactions over processes and tools

2. Working software over comprehensive documentation

3. Customer collaboration over contract negotiation

4. Responding to change over following a plan

That is, while there is value in the items on the right side of each sentence, we value the items on the left more.

우리는 소프트웨어 개발을 위한 더 나은 방식을 공개하고 이를 통해 다른 사람들도 보다 손쉽게 소프트웨어를 개발하도록 돕고자 한다. 이러한 작업을 통해서 다음과 같은 가치를 중시한다.

1. 프로세스와 도구보다는 개인과 개인의 상호작용에

2. 포괄적인 문서화보다는 실제 동작하는 소프트웨어를 작업하는 일에

3. 계약과 협상보다는 고객과의 협력에

4. 단순히 계약을 따르기보다는 변화에 반응하는 것에

왼쪽에 있는 것들도 중요하지만 우리는 오른쪽에 언급한 것들에 더 가치를 둔다.

(* 번역상 좌우 순서가 바뀌었음)

있다. 그래서 애자일을 도입하고자 하는 기업에게 애자일 선언문은 일종의 가이드이자 지침이라 할 수 있다. 애자일 선언문을 보면 기존의 전통적인 개발방법의 패러다임을 바꾸려는 혁신의 자세와 인간 중심적이고 가치 중심적인 접근 태도를 함께 엿볼 수 있다. 애자일은 단순히 도구나 프로세스에 그치는 것이 아니라 마인드 셋Mindset이나 가치구조Value structure의 변화를 불러일으키고자 한다는 것을 알 수 있다.

① 프로세스와 도구보다는 개인과 개인의 상호작용에 가치를 둔다.

앞서 우리가 살펴본 전통적인 개발 방법론의 경우 프로세스와 각 단계별 완결성을 중요시한다는 것을 알 수 있다. 특히 많은 조직의 구성원들이 단순히 도구나 부품처럼 다뤄지거나 테일러리즘에 기반한 효율성과 생산성만을 강조하는 경우가 많았다. 하지만 애자일 방법론에서는 사람을 중시하고 사람과의 관계, 상호작용, 서로 교류함으로써 발전되는 것에 가치를 두고 있다. 아무리 좋은 시스템과 도구를 가져온다고 하더라도 그것을 사용하는 사람들이 문제가 된다거나 조직 혹은 팀 간의 소통이나 관계가 원만하지 않으면 제대로 돌아가지 않는 것이 당연지사이다. 결국 사람과의 관계를 통해서 업무가 진행되고, 이를 통해 성과가 달성되기 때문이다.

② 포괄적인 문서화보다는 실제 동작하는 것에 가치를 둔다.

여기서 핵심은 형식보다는 실제적인 것에 집중한다는 의미다. 형식적인 것을 중시하다가 성과를 위한 실질적인 것에 투입되는 시간을 뺏긴다면 본말전도의 상황이 된다. 애자일 선언문에서는 효율성을 높이기 위해서 불필요한 것은 지양하고 핵심에 집중하는 것을 가치로 명시하고 있다.

③ 계약과 협상보다는 고객과의 협력에 더 가치를 둔다.

애자일은 철저하게 고객 중심으로 사고한다. 고객의 목소리에 귀 기울이고, 고객의 목소리가 빠르게 제품에 그리고 회사의 전략에 반영되는 것을 지향한다. 그렇기 때문에 시장의 반응에 민감할 수밖에 없고, 현장의 목소리와 정보가 조직 내에 빠르게 전파되어야 하는 것이다.

④ 단순히 계획을 따르기보다는 변화에 반응하는 것에 더 가치를 둔다.

과거의 개발 방법론에서는 프로세스, 계획의 준수가 중요했기 때문에 사업환경 변화에 따른 대응이 어려웠고, 프로젝트가 종료된 이후에 새로운 계획을 수립하여 대응하는 경우가 많았다. 물론 예측 가능하고 일정한 패턴이 보이는 사업환경에서는 계획과 일정을 준수하는 것이 가능하고 또 중요하다. 하지만 오늘날의 경영환경, 특히 소비자의 니즈가 수시로 변하고 빠른 변화가 일어나는 VUCA 시대에는 계획대로 프로젝트를 진행하다가는 오히려 기회를 놓치고 비즈니스에 어려움을 겪을 수 있다. 따라서 변화에 적절히 대응하며 발전시켜 나가는 개발 방법론이 상황에 더 맞을 것이다. 애자일 선언문에서는 이렇게 변화에 유연하게 대응하는 대처 역량에 더 가치를 두고 있다.

위에서 언급된 애자일의 원칙과 가치를 정리하자면, 애자일은 고객 중심적 사고를 바탕으로 고객에게 지속적인 가치를 제공하고자 하며, 수직적인 조직이나 프로세스보다는 사람에 보다 가치를 둔다. 이러한 유연한 접근 때문에 많은 스타트업들이 애자일한 문화와 조직을 구성하여 혁신의 주체가 되고 있다. 하지만 기존의 기업들도 애자일 철학과 가치로부터 적용할 점이 많다. 특히 조직관점에서 고객 중심의 일하는 방식의 적용, 채용(인재를 바라보는 관점), 인재육성, 동기부여, 직원들의 참여, 평가와 보상 등 참고할 점이 많다.

전통적 경영 vs 애자일 경영

VUCA 시대에서 급격하게 변화하는 경영환경에 대응하기 위해서 보다 유연한 접근이 필요함에도 불구하고 여전히 많은 조직들은 기존의 테일러리즘으로 대변되는 생산 제조업 기반의 마인드 셋과 일하는 방식을 버리지 못하고 있다. 기존의 노동 집약적인 산업에서 효율적으로 적용되었던 탑 다운 방식과 관료주의적 일하는 방식은 더 이상 효율적이지 않다. 점차 많은 기업들이 컨트롤 타워에서 의사결정한 후 확산하는 방식보다는 각 조직의 상황이나 로컬에 맞게 보다 유연하게 적용할 수 있는 전략적 접근을 하고 있는 것도 이러한 이유 때문이다.

이러한 면에서 우리가 애자일 원칙으로부터 적용해야 할 점은 명확하다. 애자일 원칙은 소프트웨어 개발에서부터 시작되었지만 기업 전반에 걸쳐 보다 효율적으로 일하며 경영환경에 유연하게 대처할 수 있는 기회를 제공한다. 기존의 방식에서 애자일로 적용할 사항은 무엇인지 살펴보면 핵심은 프로세스, 조직, 리더십, 사람에 대한 관점, 동기부여, 피드백이라고 할 수 있다.

기존의 일하는 방식과 애자일 원칙에 기반한 일하는 방식의 차이를 하나씩 살펴보자. 먼저 프로세스 측면에서는 기존 방식이 정해진 프로세스에 따라 단계적으로 진행된다면, 애자일 방식에서는 빠르게 실패하고 이를 학습해서 지속적인 발전을 이뤄 나가는 형태다. 또한 기존 방식이 요구사항에 맞춰 대응해 나가는 방식이라면, 애자일 방식은 상황에 맞게 선 제안하고 고객의 니즈에 맞게 효율적으로 응대해 가는 방식이다. 조직 측면에서 보면 전통적 방식은 탑다운 방식의 수직적 의사결정을 선호하는 반면, 애자일 방식은 보다 수평적으로 의사소통하여 의사결정한다. 무엇보다 리더십과 사람에 대한 관점의 차이가 가장 큰데, 전통적 방식에서는 X이론을 기반으로 하여 사람을 통제하고 관리해야 할 대상으로 보지만 애자일 방식에서는 Y이론을 기반으로 하여 통제보다는 자율과 신뢰를 기반으로 한다. 또한 피드백 측면에서도 차이가 큰데 앞서 애자일 원칙에서도 살펴봤지만 과거의 방식에서는 정해진 시점까지는 피드백을 진행하지 않고 일을 진행한다. 하지만 애자일 방식에서는 주기적인 피드백을 통해서 보완 발전해 나가며 학습하는 특징을 가지고 있다. 우리가 앞서 세일즈 조직의 일하는 방식과 리더십에 있어 변화해야 할 포인트들을 이야기했는데 상당 부분 일맥상통하고 있는 것을 확인할 수 있다.

┃ 전통적 경영방식과 애자일 경영방식의 비교 [19]

구분	전통방식의 경영	애자일 경영
프로세스	• 단편, 단계적 • 표준화된 • 선형 대응 • 일방적(Push)	• 학습을 기반으로 한 지속적인 발전 • 고객 니즈 베이스 • 반응 루프형(선순환 구조) • 상호 대응적(Pull)
조직	수직적	수평적(네트워크)
리더십	관리	권한 위임
사람에 대한 관점	X이론(부정적, 통제가 필요)	Y이론(긍정적, 통제보다는 자율)
동기부여	외재적 동기부여(e.g. 금전적 보상)	내재적 동기부여(e.g. 비전, 자율성)
피드백	정해진 시점에만 수동적 진행	주기적으로 능동적 진행

'수평적인 리더십'에 대한 오해

애자일, 수평 조직에 대해서 이야기를 하면 많은 리더들이 오해를 한다. 자율경영 조직도 좋지만 너무 자율로 둘 경우 조직 운영이 어렵지 않냐는 것이다. 하지만 자율성을 부여한다는 것은 구성원들에게 양보하고 마음대로 하게 내버려 두라는 이야기가 아니다. 애자일 경영의 핵심은 결과 중심, 고객 중심으로 일하는 것이므로 오히려 엄청난 집중력을 필요로 하며, 시장의 냉정한 평가를 받아들여야 한다는 이야기이다.

다음은 모 회사의 팀 리더와 팀원의 미팅 내용이다.

팀 리더 지난 번 내가 말한 시장 조사 자료 좀 볼까요? 제안서 제출이 다음 주라서 한 번 중간 리뷰를 했으면 좋겠어요.

A 대리 아, 그거 아직 좀 진행 중인데… 일단 보여드릴게요.

팀 리더 음… 조금 부족한 거 같은데 고객사의 경쟁사들이 어떻게 하고 있는지도 넣으면 어떨까요? 고객들이 그런 부분을 궁금해하지 않을까요?

A 대리 팀장님, 이번 건은 저에게 권한을 주셨잖아요, 한 번 지켜봐 주시면 안 될까요? 어차피 팀장님 의견대로 진행할 거라면 제가 이 프로젝트를 계속 해야 하는 건지 모르겠습니다.

팀 리더 (크게 당황하며) 아니, A 대리. 내가 의견을 주는 건 A 대리가 못했다는 게 아니라 고객의 관점으로 더 잘 보완했으면 해서 이야기하는 거니까 너무 기분 나빠하지 말고… 일단 내 얘기대로 수정해서 내일 다시 한 번 봅시다.

A 대리 … 알겠습니다.

(자리로 돌아가서)

A 대리 아, 진짜 짜증나네. 자율이라며, 수평문화라며… 이렇게 시킬 거면, 처음부터 자기가 하든가…

B 과장 A 대리, 왜 그러는데?

A 대리 우리 회사가 자율과 수평을 지향하는 조직 아니었어요? 이렇게 지시하고 통

제할 거면, 애자일 문화는 왜 강조하는 건지 모르겠네요.

B 과장 팀원이면 위에서 시키는 대로 해야지. 애자일? 그게 되겠어? 말이 그렇다는

거지.

아마 요즘 리더들 대부분이 어렵게 느끼는 부분일 것이다. 분명 수평적이고 자유롭게 의견을 공유하는 게 애자일 경영이 지향하는 문화이다. 하지만 수평조직이라고 해서 수직적 명령 체계가 없는 건 아니다. 게다가 애자일 경영은 오히려 결과 중심적으로 소통해야 한다. 문제가 있다면 양보하지 않고 끝까지 해결하는 것이 애자일 경영이다. 수평문화를 논할 때 우리가 경계해야 할 한 가지는 자율은 방임이 아니라는 것이다. 그냥 하고 싶은 대로 두는 것이 아니라는 것이다. 물론 강압적으로 통제하는 것은 더더욱 아니다. 구성원과 리더 모두 자율적으로 업무에 임하되, 업무에 대해서는 엄격하게 임하고, 성과에 있어 타협하지 않고, 고객 중심의 결과(고객 만족)를 추구해 나가려는 접근이 필요하다. 결국 위 사례에서 애자일 경영(문화)에 제대로 접근했다면, 제안서라는 아웃풋(고객 전달용)을 두고 서로 양보 없이 더 나은 방법을 찾고자 하는 태도가 드러났어야 한다.

그럼 이렇게 반문하는 리더들도 있을 것이다. "아니, 구성원들이 자율, 수평만 강조하고, 말을 안 듣는데 어떻게 합니까?" 이 부분은 리더 혼자만의 잘못은 아닐 수도 있다. 조직 전체가 함께 노력해야 한다. 애자일 경영은 자율을 추구하지만 그 안에는 강력한 리더십, 강력한 개입도

함께 따라온다. 생각을 해 보면 당연하다. 애자일 경영은 모든 구성원이 최고의 아웃풋을 내고, 고객의 피드백에 빠르게 대응하기 위한 방법론이다. 그러나 경험이나 노하우가 많지 않은 구성원의 입장에서는 최고의 아웃풋을 내기 어려울 수 있다. 이때 구성원을 뒷받침해주는 리더가 필요한 것이다. 리더의 개입이 없다면 구성원 모두가 상당한 전문가 혹은 프로페셔널(업무적으로나 태도면에서도)한 수준을 갖춰야 한다. 따라서 구성원의 채용, 육성 시에도 이러한 면이 강조되고 고려되어야만 한다. 실제로 넷플릭스나 구글은 이러한 자율문화, 애자일 문화를 지향하기 때문에 오히려 더 엄격한 기준을 가지고 조직이 원하는 인재상을 가지고 채용을 진행하며, 기준에 맞지 않는 인재는 과감하게 솎아낸다.

"최고의 복지는 '좋은 동료'다."

-넷플릭스 문화 기술서 〈자유와 책임〉 중에서

넷플릭스 등 많은 기업에서 최고의 인재를 채용하기 위해서 노력하는 이유는 바로 최고의 인재와 함께 일함으로써 성장의 기회를 얻을 수 있고, 또 최고의 성과를 낼 수 있기 때문이다. 그런데 그 이면에는 책임, 좋은 동료로서의 자격 요건, 강한 리더십과 팔로워십에 대한 프레임워크가 작용한다. 우리가 애자일을 바라볼 때 단순히 자율, 수평 등의 듣기 좋은 것에만 집중해서는 안 되는 이유이다.

애자일 문화와 MZ세대의 문화

2018년 이후부터 각 기업들이 앞다투어 애자일을 학습하기 시작했다. 특히 리더들을 대상으로 하는 교육에는 유난히 애자일 리더십이 많았다. 스타트업을 중심으로 빠르게 시장에 제품을 선보이고 테스트하는 애자일 방법론이 유행하면서 애자일에 대한 관심이 더욱 더 높아진 것이었다.

앞서 애자일 경영의 자율과 방임에 대한 오해를 짚어봤는데, 생각해 봐야 할 포인트가 하나 더 있다. 바로 애자일 경영이 갖는 특성 중 빠르게 시장에 테스트하고 실패하여 개선한다는 부분에만 방점을 두고 빨리빨리만 하는 것을 애자일이라 생각하는 것이다. 어질리티가 신속하게 움직이는 것을 의미하지만, 그 특정 단어에만 집착해서는 안 된다. 오히려 시대적 흐름과 사회적 변화에 더 주목해야 한다. 그 중에서도 'MZ세대의 특성과 그 특성에 부합하는 문화'가 바로 애자일 문화와 많이 닮아 있다는 점을 이야기하고자 한다. 우리가 코로나 시대에 애자일 경영과 애자일 문화에 관심을 가져야 하는 이유는 시장 대응성을 높이기 위함도 있지만 비대면 상황에서 조직의 수평문화 조성에 애자일 경영 방식이 적합하기 때문이다. 여기에 더해 MZ세대가 추구하는 가치관과도 밀접하게 연관되어 있는 것이 바로 애자일 문화다.

2021년 2월, SK하이닉스에서 성과급에 대한 구성원들의 불만이 터져 나오면서 사회적으로 큰 이슈가 되었다. 2020년 경영성과에 따른 성과급으로 기본급의 400%를 지급한다고 공지하면서 직원들이 강하게 이의를 제기하고 나선 것이다. 특히 대리급 임직원이 직접 최고경영자를 포함하여 전 직원에게 성과급 제도의 부당함에 대한 이의를 제기하는 메일을 보낸 것이 크게 화제가 되기도 하였다. SK하이닉스 직원들은 '연봉의 47%'를 받는 삼성전자 반도체 직원들과 격차가 큰 것에 대해 '이해할 수 없는 처사'라고 이야기했다.

이러한 SK발 성과급 이슈는 삼성이나 LG 등 각 기업의 임직원에게까지 영향을 끼쳤다. 삼성전자의 VD사업부의 경우 50% OPI(초과 이익 분배금)를 받는 것에 비해 생활가전부문CE의 가전사업부 직원들은 37%를 수령하면서 형평성 논란도 빚어졌다. 이전 같았으면 억울하고 분한 면이 있더라도 회사에서 정한 사항이니 따라야 한다는 분위기가 있었지만 요즘 MZ세대에겐 그냥 넘어갈 수 없는 큰 이슈로 다가왔던 것이다. [20]

이렇게 MZ세대가 이 상황을 받아들이지 못하는 것을 두고 기업 내부에서도 의견이 나뉘고 있다. "요즘 직원들은 참 겁이 없다. 회사가 정한 사안에 대해 꼭 저렇게 들고 일어나야 하는 건지 도통 이해를 할 수가 없다. 다음에 더 잘해서 받으면 되는 것 아닌가?"라는 의견이 있는 반면, "속 시원하다. 우리가 차마 말하지 못한 걸 저렇게 이야기하고 임직원의 권리를 찾는 걸 보니 다행이다 싶다."라는 의견도 있다. 그런데 "요즘 젊은 애들은 참 당돌해!"라고 치부하고 넘어가기엔 사안이 너무 크다. 여기서 우리가 생각해 봐야 할 부분은 MZ세대의 사고방식과 커뮤니케이션 방식에 있다.

『90년대생이 온다』의 저자 임홍택은 90년대생의 대표적인 특징이 솔직함이라고 말하고 있다. 그들이 중요하게 생각하는 가치 중 하나가 바로 투명함, 솔직함이라는 것이다. 그런데 이들은 자신은 물론, 다른 사람의 솔직함도 원한다는 것이 특징이다. 예를 들어 본인들을 고용한 기업이나 자신들이 사용하는 제품의 기업이 솔직하지 못하다면, 인정하지 않고 그에 맞는 대응을 하는 것이다.

평소 남다른 조직문화와 수평문화를 추구하는 현대카드의 CEO 정태영 사장은 한 언론사와의 인터뷰에서 이렇게 이야기했다. "CEO도 자기 말이 아래까지 도달하게 하고 싶으면 평소에 자신이 한 말을 지켜야 한다. '마음대로 휴가 써도 된다'고 했으면 휴가를 가더라도 아무 문제가 없어야 하고, 직원들에게 '내 앞에서 담배 피워도 된다'고 했으면 회의를 하다가 맞담배를 피워도 괜찮아야 한다. 기업의 신뢰란 작은 거짓말을 하지 않는 것이다." [21]

즉, 극도의 솔직함과 투명함이 지금 리더들이 가져야 할 태도라는 것이다. 성과급 이슈가 발생한 것도 결국 투명하지 않은 기업의 성과급 처리 방식이 발단이 되었던 것이다. 아닌 것을 아니라고 말할 수 있는 그 극도의 솔직함과 투명함은 바로 애자일 경영이 추구하는 핵심 가치이기도 하다. 그리고 비대면이 늘어나는 코로나 시대에서 리더와 구성원간의 신뢰는 바로 이 투명함과 솔직함이 뒷받침되어야 가능해진다.

구분	체크리스트
정보의 가시화 **(영업의 가시화)**	☐ 고객, 시장, 경쟁사 등 현장의 정보가 조직 내에서 잘 유통되고 있는가?
	☐ 현장에서 수집된 각종 정보가 회사의 시스템 내에서 가시화되고 있는가? * 영업의 가시화 : 영업활동간 발생한 모든 정보가 투명하게 노출되고 지식의 암묵지(영업의 노하우, 정보)가 형식지인 DB(데이터)로 관리되는 것을 의미
	☐ 영업조직이 개발, 마케팅, 전략부서와 협력관계, 연결고리 역할을 하고 있는가?
전략과 실행	☐ 전략부서, 개발(상품기획) 부서와 실행부서가 별도로 나눠져 있지 않고 통합되어 전략이 빠르게 실행되고 있는가?
	☐ 전략 실행이 선형 프로세스가 아닌 실행 루프(선순환구조)로 이뤄지고, 현 장의 빠른 피드백이 전략에 반영됨으로써 애자일한 실행이 이뤄지고 있 는가?
	☐ 실행력 강화를 위한 4대 요소(정보의 흐름, 의사결정권, 동기부여, 조직구조)를 고려하여 전략을 실행하고 있는가?
	☐ 애자일한 어프로치가 가능한 조직 구조(원팀 매트릭스)로 제품 개발이 이뤄 지고 있는가?
애자일 경영	☐ 우리 조직은 프로세스와 형식보다는 고객중심으로 문제해결에 집중하고 있는가?
	☐ 우리 조직은 단순히 계획을 따르기보다는 변화에 적극적으로 반응하는 것에 방점을 두고 있는가?
	☐ 우리 조직의 리더들은 수평적 리더십의 본 의미를 이해하고 있는가?(최고 의 아웃풋을 내기 위해 서로 치열하게 논의하며 조직 내에서 자유롭게 의견을 제시 할 수 있도록 하는 것)
	☐ 우리 조직은 극도의 솔직함과 투명함을 바탕으로 운영되고 있는가?

6장

세일즈 뉴노멀 #6
'변화를 위한 시작'

뉴노멀 시대,
세일즈 조직의 변화를 위한 필요조건

지금까지 코로나 시대에 세일즈 조직과 리더들에게 어떠한 역할 변화와 역량이 필요한지 살펴보았다. 중요한 것은 실천이다. 하지만 가장 어려운 일이기도 하다. 더욱이 영업조직은 변화가 가장 어려운 조직 중 하나다. 우리나라에서 일종의 군대문화(?)가 아직도 강하게 남아있는 부서이기도 하고 상명하복의 수직적 위계질서가 강한 부서이기도 하기 때문이다. 하지만 우리가 그간 살펴본 바와 같이 코로나 시대엔 생존을 위한 변화가 필수적이다. 그렇다면 세일즈 조직이 추구해야 할 바람직한 조직문화는 무엇이며, 이를 주도하기 위해서 리더는 어떻게 해야 하는지 살펴보자.

CASE STORY 6 | 우리 세일즈 조직이 변하지 않는 이유

*story구성은 실제 현장 기업 사례를 토대로 하되, 일부 세부 내용/정보를 각색한 것

다음은 패션회사인 X사의 영업본부 회의 모습이다. X사는 영업 본부장과 각 팀장, 그

리고 파트리더들이 모여서 주 1회 영업 실적회의를 진행한다. 회의는 대부분 영업 본부장과 일부 팀장의 주도로 진행된다.

본부장 코로나로 어려운 상황이지만 새롭게 도입한 라이브 커머스나 온라인 몰의 선방 덕분에 그래도 전년과 비슷한 매출을 유지하고 있는데 그래도 이런 때일수록 정신차려야 해요. 그건 그렇고 요즘 어때요? 주 3회 회사 출근이고 나머지는 다 재택근무하고 있는데.

구성원 일동 …

본부장 다들 어려운 건 없나?

(눈치를 보다가 팀장1이 먼저 이야기한다.)

팀장1 처음엔 적응이 안 됐는데, 지금은 다들 시간 활용이나 여러 면에서 만족하고 있는 상황입니다.

본부장 아니, 팀장들은 만족하겠지. 나 안 보니까. 그렇지 않아? 다른 팀원들은 어때요?

구성원 일동 …

본부장 아휴. 이렇게 말을 안 하나? 우리 수평조직 아니에요? 적극적으로 이야기를 해야 제도나 시스템을 개선할 수 있을 텐데 말이야. 뭐, 그건 그렇고 새로 도입한 시스템에 세일즈 정보랑 데이터 입력이 잘 안 되는 것 같던데, 온라인 중심으로 돌아가더라도 대리점 기록이나 이슈 등이 잘 기록되어야 우리가 코로나 이후에도 새로운 시스템으로 영업할 수 있으니까 힘들더라도 계속 기록하고 관리할 수 있도록 신경써주세요. 또 다른 이슈 있나? 없으면 그만합시다. 고생했어요.

X사는 코로나로 인해 많은 변화를 겪고 있다. 오프라인 중심 조직에서 온라인 사업을 런칭하는 등 빠르게 비즈니스 모델을 전환하여 코로나로 인한 시장의 변화에 대응하고 있다. 사업의 전환뿐만 아니라 새로운 정보 공유 시스템 도입 등 일하는 방식에도 많은 변화가 있는 상황이다.

조직차원에서 변화에 적극적으로 대응한 덕분에 어느 정도 성과는 내고 있었지만, 영업 본부장은 변화의 속도가 더디고 또 구성원들이 변화에 잘 따르지 않는다며 답답해하는 상황이다. 영업 본부장이 느끼고 있는 문제는 크게 두 가지다. 우선 새로 도입된 시스템을 구성원들이 적극적으로 따르지 않고 있다는 점이다. 그리고 회의 모습에서도 알 수 있듯이 소통이 원활하지 않고 그에 따라 현장의 정보가 잘 유통되지 않는다는 점이다. 여러분이 X사의 영업 본부장이라면 이 문제를 어떻게 해결할 수 있을까?

조직은 태생적으로 변화를 싫어한다.

직장생활을 오래 한 사람이라면 아마 조직에서 새로운 시스템을 도입하고 제도를 변화하고자 했을 때 그 시도가 1~2년이 채 지나지 않아 실패로 돌아간 경우를 많이 보았을 것이다. 존스 홉킨스Johns Hopkins 의대 학장과 병원장을 역임한 에드워드 밀러Edward Miller 박사는 자신의 경험을 토대로 변화가 얼마나 어려운 것인지 이야기해 준다. 그에 따르면 심장에 이상이 있어 관동상맥 우회로 조성술을 받은 환자의 90%가 수술

후 2년이 지나도 자신의 생활방식을 바꾸지 않는 것을 관찰할 수 있었다고 한다. 1

자신의 생명이 걸린 일임에도 불구하고 기존의 습관이나 행동을 변화시키는 것은 그만큼 어려운 일이라는 것이다. 때문에 조직에서 구성원들의 변화를 유도하는 것이 쉽지 않은 것은 어쩌면 당연한 일일 것이다. 실은 변화를 거부하는 것은 인간의 본능과 관련된 일이다. 자신이 선택한 일이 아니라 지시에 의해 기존과 다른 일을 하게 된다면 인간은 자유에 대해 제약을 받는다고 느끼고, 일명 리액턴스Reactance 효과라는 심리반응을 유발한다. 이를 '심리적 반발이론Psychological Reactance Theory'이라고 한다. 2

자신의 자유가 상실되었거나 위협받는다고 느낄 때 이러한 저항이 나타난다. 리액턴스 효과는 무언가를 하지 말라고 할 때보다 무언가를 하라고 할 때 더 강하게 나타난다. 예를 들어 회의 시간에 참석자는 모두 반드시 발언해야 한다는 새로운 업무 지침이 만들어졌다고 가정해 보자. 원래 회의시간에 적극적으로 발언했던 사람조차도 저항감이 생길 수밖에 없다. 본인의 의사에 의한 참여가 아니라 지침에 의한 참여라고 인식하기 때문이다. 지침이 정해진 탓에 해야 한다고 생각해 반대로 그렇게 행동하지 않게 되는 것이다. 이처럼 인간은 외부의 공격에 자연스럽게 방어 시스템이 작동되고 만다.

따라서 위에 소개된 X사의 사례처럼 새로운 변화에 방어기제가 작동하는 것은 자연스러운 일이다. 더욱이 영업조직은 변화보다는 기존의 관성을 더 따르는 집단이기에 이러한 거부감과 저항은 당연하다. 그러니 만약 변화를 시도하는 리더가 있다면 저항하는 구성원에 당황하지 마시라. 당연한 현상이고, 단계별 접근이 필요하다.

첫 번째로, 구성원들을 변화의 계획단계부터 참여시킬 필요가 있다. 구성원들이 변화의 방향을 직접 설계하고 단계별 액션 플랜을 도출한다면 저항을 상당 부분 줄일 수 있다. 일방적으로 계획을 따르는 것과 변화의 방향을 설계하는 것은 전혀 다른 이야기다. 후자의 경우, 자신들이 주도한다는 생각이 들기 때문에 보다 적극적인 변화를 추진할 수 있게 된다. X사 역시 이 부분에 집중해야 한다. 코로나로 인해서 세일즈 시스템을 변화해야만 했다면 단순히 조직 차원에서 시스템을 설계하고 구성원들에게 따르게 할 것이 아니라, 영업 본부의 구성원들이 그들 스스로 시스템 변화의 필요성을 몸소 느끼고 시스템 설계에 조금이나마 참여하도록 해야 했다.

두 번째로 인지부조화-cognitive dissonance의 타파가 필요하다. 인지부조화는 자신의 태도와 행동이 일관되지 않고 모순되어 양립할 수 없는 상태를 의미하는데 조직에서 변화를 추진하는 경우 종종 이러한 상황이 발생한다.

태국 건강증진재단은 흡연율을 줄이기 위해서 캠페인을 하나 진행했는데, 흡연을 하고 있는 성인들에게 어린이들이 담뱃불을 빌릴 수 있냐고 묻게 한 것이다. 당연히 태국 흡연자들의 반응은 "너에게는 빌려줄 수 없어.", "담배를 피우면 식도암에 걸린단다. 목에 구멍을 내야 해. 수

술이 무섭지 않니?'라고 말하며 아이들에게 담배에 대한 위험성을 알리고 경고하는 경우가 대부분이었다. 재미있는 것은 그들이 이미 흡연의 위험과 건강에 해롭다는 점을 인지하면서도 계속해서 흡연을 하고 있다는 점이었다. 그렇지 않은가? 아이들에게 말한 내용은 자신에게 해당되는 내용이기도 했다.

영상 속에서 아이들은 담뱃불을 빌려 달라는 요청을 거절당하거나 심지어 혼이 났는데 자리를 뜨지 않고, 자신에게 경고를 한 흡연자들에게 종이 한 장을 건네 주었다. 그 종이에는 이렇게 적혀 있었다. "당신은 제 걱정을 해 주셨습니다. 그런데 왜 자신에 대해서는 걱정하지 않나요?" 그리고 그 쪽지에는 금연 시도를 도와줄 전화번호가 적혀 있었다. 3

이 캠페인은 〈스모킹 키드〉라는 이름으로 실제 태국에서 진행되었다. 아이들에게 쪽지를 건네 받은 어른들은 거의 모두 금연을 결심했다고 한다. 이를 영업조직에 대입해 보면, 영업사원이라면 누구나 보다 나은 성과를 내길 원한다. 그리고 변화하는 상황에서 성과를 내기 위해서는 본인의 영업 방식도 변화해야 한다는 사실을 인지하고 있다. 하지만 실제 행동은 어떨까? 자신의 방식이 성과를 내는 방식과는 다르다는 점을 인지하지 못하거나, 그러한 변화의 방향이 자신과 상관없다고 생각하는 경우가 종종 있다. 따라서 구성원들이 실제 변화의 방향(코로나 이후, 영업의 일하는 방식과 시스템의 변화)과 자신이 일하는 방식의 차이점을 명확히 인식할 수 있도록 많은 소통과 주기적인 피드백이 반드시 병행되어야 한다. 자신이 변화의 대상임을 명확히 인지해야만 강 건너 불구경 하듯이 나랑 상관없는 일이라는 태도를 타파할 수 있다.

　세 번째가 바로 리더들이 조력자로서의 역할을 수행해야 한다는 것이다. 미 육군 조지 스미스 패튼George Smith Patton Jr 장군은 이런 명언을 남겼다. "부하들에게 절대로 방법을 지시하지 말라. 목표만 알려주면 그들은 깜짝 놀랄 만한 독창성을 발휘할 것이다."4

　변화를 이끌어 낼 때 리더는 우리가 이 책에서 지속적으로 이야기한 대로 통제자, 독재자처럼 지시만 하는 사람이 아니라, 적극적인 조력자가 되어야 한다. 달리 말하면 촉매제, 캐털리스트catalyst가 되어야 한다. 리더가 개입을 하지 말라는 이야기가 아니라 구성원들이 변화를 추진해 나갈 수 있도록 적극적인 서포터가 되어야 한다는 것이다. 그리고 변화의 방향과 목표, 비전에 대해서 지속적으로 커뮤니케이션해야 한다. 리더가 한 번 말하고 관심을 기울이지 않으면 변화는 결코 일어날 수 없고 또 지속될 수 없다. X사의 변화가 성공적으로 안착되려면 결국 영업 본부장과 리더들의 지속적인 조력자 역할 수행이 필요하다.

　지금까지 변화가 왜 어려운지 그리고 변화에 꼭 필요한 필수 요소는 무엇인지 살펴봤는데 이제 본격적으로 X사의 이슈를 어떻게 해결해야 하는지 살펴보자.

'침묵은 금이다(?)' 말하지 않는 팀원들

　변화에 대한 저항을 이해하고 변화를 하기 위한 필수요소를 살펴봤는데 그럼 말하지 않는 직원들은 어떻게 해야 할까? 앞서 우리는 회의시간에 누구도 적극적으로 참여하지 않는 구성원들의 모습을 확인했다. 리더가 말하고 일부 구성원만이 참여하고 있었다. 사실 대부분의 회사들이 X사의 상황과 다르지 않을 것이다. 여러분의 조직은 어떠한가? 구성원이 침묵하는 조직문화를 가지고 있지 않은가? 코로나 시대에 수평문화, 재택근무 등 비대면 환경에서의 소통이 대단히 중요하다는 건 이미 잘 알고 있다. 그렇다면 세일즈 리더들은 어떤 문화로 토양을 다져야 할까?

2020년 트렌드 중 하나는 '부캐'였다. MBC의 예능 프로그램인 '놀면 뭐하니'에서 개그맨 유재석이 여러 캐릭터를 소화해 내면서 생겨난 트렌드였다. 유재석은 프로그램에서 트로트 가수, '유산슬', 드럼연주자 '유고스타', 이효리, 비 등과 결성한 혼성 댄스그룹 싹쓰리에서는 '유두래곤', 여성 4인조 댄스그룹 환불원정대의 기획사 대표 '지미 유'까지 다양한 캐릭터를 만들어 냈다. 자신의 본 모습을 숨기고 다양하게 변화한 모습으로 나타난 것이다. 자신의 캐릭터를 숨기는 현상은 우리 직장에서도 나타난다. 평소에는 조용한 직원이 주말이면 힙합 댄서로 활동하거나 요가 강사로 대중 앞에서 강의를 하는 사례를 본 적이 있을 것이다. 그럼 이 직원은 훌륭한 부캐를 찾아낸 것일까? 그럴 수도 있지만 반대로 그 직원의 본래 모습은 다른 사람 앞에 나서길 좋아하고 적극적인 성격일 가능성이 더 높다.

다시 X사의 회의 장면으로 돌아가 보자. 직장에서는 대부분의 구성원들이 X사의 구성원들처럼 말이 없는 모습을 하고 있을 것이다. 내 의견, 본래의 모습, 성격 등을 숨기고 조용히 지내길 원한다. 이러한 현상을 심리학에서는 '커버링Covering'이라고 한다. 자신의 성격, 가치관, 의견을 숨기고 갈등을 피하는 현상이다. 우리는 우리 자신을 숨기기 위해서 많은 에너지를 쏟고 있다. 5

팀 내에서 혹은 팀 간의 갈등을 회피하기 위해서 노력하다 보니 정작 새로운 아이디어, 의견을 내고 적극적으로 의사소통을 해야 할 때도 소극적으로 행동하게 되는 것이다. 우리는 누구나 다른 사람에게 똑똑하고, 능력있고, 도움이 되는 사람으로 비치길 원한다. 아마도 초등학교 시절부터 다른 사람이 자신을 어떻게 생각하는지를 중요하게 생각해 왔을 것이다. 이때부터 우리는 '상대방에게 거절이나 무시당할 위험을 줄일 수 있는 방법'을 배우게 된다. 그리고 성인이 되면 이러한 방법에 익숙해지고 만다.

한 TV 프로그램에서 대학의 수업시간에 학생이 질문을 하면 어떤 일들이 벌어지는지 실험한 적이 있었다. 제작진은 한 학생에게 같은 수업 시간에 5번의 질문을 할 것을 요청하고 강의실에서 다른 학생들의 반응을 살펴보았는데, 두 번째 질문부터 다른 학생들의 눈총이 시작되었다. 수업 종료 후 학생들과 나눈 인터뷰 내용은 더욱 충격적이었다. 질문한 학생에 대해서 "나댄다?", "원래 아무도 질문하지 않는데 이상하다고 생각했다."와 같은 의견이었으며, 질문하지 않는 이유와 관련해서는 "쓸데없는 질문을 해서 수업 시간에 혼난 적이 있는데, 그 이후로는 질문하지 않는다."라는 대답이 있었다.

이 글을 읽고 있는 독자들도 아마 이와 유사한 경험을 해 본 적이 있을 것이다. 어쩌면 우리는 침묵에 익숙한 채로 성장해 온 것은 아닐까? 이와 유사한 사례로 한동안 이슈가 되었던 사건이 바로 2010년 G20 정상회담의 폐막 기자회견장에서 있었던 일이다. 오바마 대통령이 한국기자들에게 질문권을 하나 주겠다고 제안을 하였다.

"한국 기자들에게 질문권을 하나 드리고 싶군요. 정말 훌륭한 개최국 역할을 해 주셨으니까요."

순간 회견장에는 적막이 흘렀다. 오바마 대통령이 시간을 주고 둘러봐도 그 누구도 선뜻 나서지 않았다. 아무도 대답하지 않자, 친절하게도 오바마 대통령이 이렇게 이야기했다.

"한국어로 질문하면 아마도 통역이 필요할 겁니다. 사실 통역이 꼭 필요할 겁니다."

유감스럽게도 일어나서 질문을 한 사람은 중국 CCTV의 루이청강 기자였다.

"실망시켜 드려 죄송하지만 저는 중국 기자입니다. 제가 아시아를 대표해서 질문해도 될까요?"

오바마 대통령은 중국기자의 요청에 다시 한 번 한국기자에게 질문의 우선권을 주고 여러 번 질문이 없는지를 확인하였다. 오바마 대통령은 멋쩍게 웃으면서 어쩔 수 없이 질문권을 중국기자에게 넘겨주었다.

어찌 보면 이러한 현상과 태도에 우리가 너무 익숙해져 있는 건 아닌지 모르겠다. 어려서부터 이러한 태도에 길들여져 있는 구성원들이 직장에 와서도 자신을 철저히 숨기고 있는 것이다. [6]

- 무지해 보이기 싫다면? ⇨ 질문하지 않으면 된다.

- 무능력해 보이기 싫다면? ⇨ 자신의 실수나 약점을 인정하지 않으면 된다.

- 업무에 차질을 빚는 사람으로 낙인 찍히기 싫다면? ⇨ 회의 시간에 일절 입을 떼지 않으면 된다.

회의 상황에서 이러한 태도를 가지면 중간 이상(?) 갈 수 있다. 문제는 개인에게도, 팀에게도, 조직에게도 도움이 되지 않는다는 점이다. 결국 각 구성원이 자신의 의견을 적극적으로 표명하고 정보가 투명하게 공유될 수 있는 문화, 토양이 조성되어야 한다. 이 말은 곧, 조직 내에 심리적 안정감이 구축되어 있어야 한다는 뜻이다. 심리적 안정감Psychological Safety은 구성원이 업무와 관련해 그 어떤 의견을 제기해도 벌을 받거나 보복당하지 않을 거라고 믿는 조직 환경을 의미한다.[7] 섣불리 나서서 이야기하지 않는 문화가 이미 우리나라와 조직에 깊숙이 물들어 있기에 리더들은 심리적 안정감 조성을 위해 더욱 더 노력해야 한다.

2015년에 구글이 진행한 '아리스토텔레스 프로젝트'에서는 이 심리적 안정감이 조직 전반에 걸쳐 고성과 팀이 되는 가장 중요한 성공요인이라는 것을 발견했다. 특히 팀원 개개인의 능력은 팀의 일하는 방식(팀원이 정보를 공유하고 협업하는 방식)보다 덜 중요하다는 결과도 도출해냈다. 또한 팀원들은 아이디어를 내거나 실수를 저질렀어도 구성원으로부터 비난받지 않고 관계에 손상이 생기지 않았을 때, 비로소 새로운 정보의 공유나 도전을 시도할 가능성이 높게 나타났다.

2017년 호주에서 진행된 '직장 내 심리적 안정감'에 관한 조사에 따르면, 오직 24%만이 직장 내에서 심리적 안정감을 느낀다고 답변했다. 호주의 연구진은 성별, 소득, 나이, 학력 등 여러 요소를 기반으로 조사를 진행했는데 결과는 다음과 같았다. 우선 젊은 직원의 경우 직장 내 실수에 대해서 더 높은 우려감을 보였고(젊은 직원 36% > 관리자급 12~21%), 비교적 낮은 심리적 안정감을 나타냈다. 그리고 젊은 직원들 중 24%는 동료에게 도움을 요청하기가 어렵다고 답변했다(전체 평균은 18%). 또한 구성원이 고학력일 때, 저학력인 직원에 비해 상대적으로 심리적 안정감을 느낄 확률이 높았다(고학력 40% > 저학력 25%). 8

X사의 사례에서 상대적으로 직급이 낮은 직원과 젊은 영업사원들이 대답하기 꺼려했던 것은 아마도 설문조사 결과와 같이 상대적으로 심리적 안정감을 느끼기 힘들고 또 그런 문화에 너무나도 익숙하기 때문이었을 것이다. 여러분의 조직은 심리적 안정감을 기반으로 하고 있는가? 혹시 "원래 우리 직원들은 의견을 내지 않아!"라며 당연한 듯 넘어가고, 이것이 당연한 문화를 조성하고 있지는 않은가? 아니면 그러한 문화를 오히려 부추기고 있지는 않은가? 코로나 시대에 서로 대면하여 소통하기 어려운 상황이라면 구성원들이 심리적으로 불안정할 가능성은 더욱 높아질 수밖에 없다. 리더들이 코로나 시대에 심리적 안정감에 더 관심을 가져야 할 이유다. 더 이상 침묵하는 조직과 구성원을 당연하게 여겨서는 안 된다.

정보 공유와 실패를 용인하는 문화

2020년 1월 코로나가 발병한 후 한국은 전 세계에서 손꼽힐 정도로 코로나에 대응을 잘 한 국가였다. 매스컴에서는 연일 K-방역의 성공 원인을 분석하였다. 그 중 뉴욕타임스는 2020년 3월 23일 'How South Korea Flattened the Curve'라는 기사에서 한국이 이 팬데믹을 성공적으로 이겨낼 수 있었던 이유를 3가지로 꼽았다. 바로, 학습과 트랙킹 그리고 정보 공유이다. [9]

한국은 지난 2015년 이미 메르스MERS, 중동호흡기증후군를 경험했다. 그 당시 한국은 초기 대응에 실패하여 38명이 사망하였고, 치사율은 무려 14%에 달했다. 잠복기가 2일에서 14일 가량 되는 바이러스의 특성상 발병 이후 특정 지역을 폐쇄한다고 해도 그 전에 접촉한 사람들을 통제하지 않으면 확산을 막을 수 없다는 사실을 우리는 이미 경험했던 것이다. 이러한 경험은 단순히 경험으로만 남은 것이 아니라 각종 데이터와 기록으로 남아 우리가 코로나에 선제적으로 대응하는 데 참고 자료로 활용되었다. 좋은 학습 자료가 된 것이다.

두 번째는 트랙킹이다. 앞서 경험한 사례를 기반으로 접촉자를 트랙킹하는 것이 중요하다는 것을 경험한 우리 정부는 모든 감염자와 접촉자를 초기부터 트랙킹하였다. 한국은 메르스가 발생했을 때, 접촉자를 추적조사하기 위한 수단을 이미 마련해두었다. CCTV, 신용카드 정보, 휴대폰 GPS 등 가용한 정보를 통합하여 분석하였고, 이를 통해 전염병의 확산을 효과적으로 막을 수 있었던 것이다.

마지막이 정보 공유다. 한국은 모든 정보를 국민들에게 적극적으로 오픈하였다. 중국이 모든 정보를 통제한 것과는 달리, 한국은 정보가 투명하게 공개되었고 이를 바탕으로 전 국민이 효과적으로 대응할 수 있었던 것이다. 질병관리본부에서는 하루 2차례 정보를 공식 발표하였고, 각 지방자치 단체별로 실시간 확진자 정보를 제공하였다.

필자들은 위 성공사례를 보면서 영업조직의 세일즈 프로세스를 떠올렸다. 세일즈 조직이야말로 모든 정보가 투명하게 공유되어야 하고, 또 과거의 사례 혹은 정보를 분석하여 대응해야 하는 조직이다. X사의 경우도 코로나 이후에 세일즈 관리 시스템을 도입하여 정보가 보다 효율적으로 공유될 수 있도록 시스템을 구축하였다. 과거에는 개인이 각자 알아서 관리하는 시스템이었지만 팬데믹 이후에 정보가 보다 투명하게 공유되는 것이 효율성을 높이고 또 의사결정도 빨라질 것이라는 경영진의 판단에 따라 시스템이 구축된 것이다.

하지만 문제는 위에서 본부장이 언급한 것처럼 시스템의 도입이나 제도의 변화에 구성원들이 적극적으로 따르지 않는 것이었다. 영업사원들이 기존에 본인들만 알고 있던 암묵지, 고객 데이터 등을 가감 없이 오픈해야 했는데, 이는 그들에게 부담이 되었기 때문이다. 다음은 X사 본부장과의 인터뷰 중 일부이다. 우리는 그가 변화를 추진하는 과정에서 느낀 고충을 확인할 수 있었다.

Q. 코로나 이후 새로운 변화를 시도하면서 가장 어려운 점은 무엇이었나요?

조직 구성원들이 새로운 시스템의 도입으로 마이크로 매니징 당하고 있다고 생각하는 점, 변화에 거부감을 느끼는 점이 저에게는 가장 큰 어려움이었습니다. 우리 영업사원들도 이해가 됩니다. 자유롭게 알아서 하던 자신의 업무를 오픈해야 하고, 그 과정을 리뷰한다는 것이 불편했을 겁니다. 더군다나 조직 내에 신뢰가 구축되지 않은 상황이다 보니 거북하고 어렵게 느껴졌을 겁니다.

Q. 투명한 정보 공개가 쉽지 않았을 것 같은데요?

네. 결국 제도와 일하는 방식을 바꾸는 것은 조직문화와 관련이 있습니다. 우리 회사는 안타깝지만 다소 실패에 인색한 문화였습니다. 그러다 보니 영업팀도 실패하는 게 두려워서 시도하기를 주저하게 됐고, 영업이 진행돼도 확실한 카드가 아니면 테이블 위에 올려놓지 않았습니다. 그래서 우리 팀만은 실패를 두려워하지 않도록 실패를 장려하고 정보를 오픈하여 서로 학습할 수 있는 구조로 만들기 위해 노력했습니다.

Q. 이러한 점을 해결하기 위해서 가장 먼저 한 일은 무엇인가요?

조금은 과하다고 느낄 만큼 적극적인 커뮤니케이션이었습니다. 새로운 일하는 방식의 당위성과 이것이 가진 가치에 대해서 정말 열심히 설명했죠. 단순히 관리하는 수단이 아니라 서로 역량을 키우고 또 도움을 얻기 위한 도구라고 커뮤니케이션했습니다. 예를 들어, 우리가 새로운 시스템을 통해서 정보를 공유하면 세일즈의 중복도 줄일 수 있고, 담당자가 다른 지역을 담당하게 되더라도 쉽게 접근할 수 있다는 장점을 인지시키고자 계속 이야기했습니다. 그리고 자신의 경험이나 실패가 조직을 위한 자산임을 강조하고, 설령 실패 케이스를 오픈하더라도 그 자체를 두고 질타하지 않았습니다. 여기서 실패라 함은 영업을 시도하고 가망 고객을 만나서 저희 고객이 되도록 제안했지만 이를 실패한 케이스를 의미합니다. 물론 마케팅 과정에서 예상보다 저조한 성과를 거둔 사례 등도 포함됩니다. 이러한 경험이 쌓이고 정보가 공유되면 다음 번에 비슷한 경우가 발생했을 때, 과거의 실패를 보완하여 세일즈 성공률을 높일 수 있기 때문에 저희에게는 이러한 정보가 소중한 자산이 된다는 점을 강조한 것입니다.

결국 인터뷰에서 볼 수 있듯이 심리적 안정감과 동시에 실패를 용인하는 문화가 선행되어야 구성원들이 변화를 받아들일 수 있게 된다. 또 본부장의 접근방식에서 눈여겨볼 부분은 이러한 변화의 중요성과 당위성에 대해서 오버한다 싶을 정도로 적극적인 커뮤니케이션을 하고 있었다는 점이다. 앞서 변화의 저항을 최소화하는 것이 리더의 역할이라고 언급하였는데 X사 본부장 역시 이를 위해 최선을 다했다. 결국 변화의 시작은 리더다. 리더가 변화가 이뤄지도록 적극적으로 서포트할 때, 비로소 투명한 정보 공유, 실패를 용인하는 문화의 구축, 자율적인 의사소통이 가능해지는 것이다.

'좋은 게 좋은 거지!' 브라더십 Brothership 문화의 타파

코로나 시대에 영업 시스템 구축을 통한 투명한 정보의 흐름, 이를 통한 성장과 학습이 가능하려면 위에 언급된 리더십의 문제도 있지만 추가적으로 극도로 솔직한 조직문화도 뒷받침되어야 한다. 특히 영업조직의 경우 브라더십Brothership문화가 팽배해 있는 경우가 많다. 브라더십 문화란, 좋은 게 좋은 문화, 권위주의적인 문화, 그리고 다른 구성원의 실수 등을 눈감아 주는 문화이다.

2011년 3월 후쿠시마 원전사고가 대표적인 케이스다. 후쿠시마 원전 사고도 좋은 게 좋은 문화, 권위주의 문화에 의해 발생된 인재였다. 사건 발생 1년 후, 당시 사건을 조사한 사고조사팀은 "심층 분석결과 이 사고는 분명한 인재이며, 직접적인 원인은 사전에 예측할 수 있었다."고 밝힌 바 있다. 후쿠시마 원전은 원자력발전소에 대한 내진 성능 기준을 검토하는 위원회에 의해서 사전에 위험성이 경고되었으며, 원자력 발전소의 국가적 기준을 수정해야 한다는 제안이 있었다. 하지만 이는 묵살되었는데 당시 위원회의 소속 위원 중 대다수가 유수의 전력회사 고문으로 재직 중이었기 때문이다. 일본 원자력 안전보안원 원장 구로카와 기요시는 당시 사고 조사 보고서에 이번 참사를 발발케 한 것은 일본인 특유의 마음가짐과 태도라고 지적했다. 그는 참사의 근본적인 원인이 무조건적인 복종 문화, 권위에 대항하지 않는 태도, 일류적인 프로그램만 고수하려는 방식과 집단주의라고 했다. 결국 권위주의적인 문화, 다른 구성원의 실수를 눈감아 주는 문화였던 것이다. 10

이와 같이 권위주의적인 조직, 브라더십문화가 팽배한 조직에서는 서로의 실수를 감싸주기 때문에 발전적 사고, 변화를 추구하기 어렵게 된다. 코로나 시대에 영업 시스템이 제대로 작동되기 위해서는 영업조직이 실제로 진행했던 영업활동을 여과없이 기록하여야 하며, 서로 자유롭게 피드백할 수 있는 문화가 구축되어야 한다. 즉, 극도로 솔직함이 담보되어야 하는 것이다. 자신의 강점, 약점에 대해서 숨김없이 밝히고 고객과 동료의 피드백을 통해 발전을 추구해야만 한다.

집단 사고가 아니라, 집단 지성

세일즈 리더들이 구성원들의 다양한 의견을 듣고 자유롭게 소통하는 문화를 만들어야 하는 이유는 바로 집단 사고를 방지하고 집단 지성을 이끌어 낼 수 있기 때문이다. 집단 사고는 1972년 미국의 심리학자 어빙 재니스Irving Janis가 언급한 개념으로, 응집성이 강한 소수의 인원들로 구성된 집단의 의사결정은 각자의 목표나 생각, 열정, 가치가 반영되지 못하고 하나의 동일한 방향성을 가지게 된다는 의사결정 성향을 의미한다. 11

1961년 1월, 케네디 대통령은 취임한 지 이틀 만에 첩보 기관으로부터 쿠바 기습에 대한 정보를 들었다. 그리고 1961년 4월 초, 백악관에서는 케네디와 미 정보기관장들의 결정적인 만남이 이뤄졌다. 그 자리에 있던 모든 사람들은 쿠바 기습 계획에 동의하였다. 그리고 1961년 4월 17일, 1,400명의 망명 쿠바인들로 구성된 부대가 미국 해군과 공군, CIA의 도움을 받아 쿠바 남쪽 해안의 피그스만에 상륙했다. 쿠바의 피델 카스트로 정부를 무너뜨리는 것이 목적이었다. 그러나 계획대로 실행된 것은 아무것도 없었다. 기습 첫날에는, 보급품을 실은 보급선이 단 한 척도 쿠바 해안에 도착하지 못했다. 둘째 날에는 설상가상으로 미국의 부대가 카스트로의 군대에 의해 완전히 포위되었고, 셋째 날에는 살아남은 1,200명의 부대원들이 모두 쿠바 감옥에 수감되었다. 완벽한 실패였다. 케네디 대통령의 피그스만 공격은 미국의 대외 정책 중 가장 큰 실패 사례로 꼽힌다. 이 터무니없는 계획에 아무도 제대로 된 검증이나 반박을 하지 않았다는 점이 놀라울 따름이다. 미국 최고의 정보기관과 행정부의 최고 관료들이 내린 결정치고는 형편없는 의사결정이었다.[12] 이 미국의 쿠바 기습 사건은 대표적인 집단 사고의 사례로 지금까지 회자되고 있다.

영업조직도 이와 다르지 않다. X사의 사례처럼 회의 장면에서 리더들만이 이야기하고 구성원들이 아무도 의견을 내지 못하면 결국 집단 사고로 잘못된 의사결정이 내려질 위험이 있다는 것이다. 영업조직이 지향해야 할 것은 집단 사고가 아니라, 자유로운 정보 공유와 소통을 통한 집단 지성의 구축이다.

2020년, 전 세계에서 가장 혁신적인 케이스로 꼽힌 것 중 하나가 바로 드라이브 스루 코로나 검진 방법이다. 검진에 소요되는 시간도 줄일 수 있었을 뿐만 아니라 검진 과정에서 발생할 수 있는 추가 감염도 줄일 수 있었던 획기적인 방법이었다. 우리나라 1번 확진 환자의 주치의가 제안한 것으로 알려져 있는 이러한 검진 방법은 여러 의사들의 아이디어가 더해져서 현재의 방법으로 세계 각국에 도입될 수 있었다. 일종의 집단 지성이 작동한 셈이다. 집단 지성의 장점은 특정 이슈를 해결하는 과정에서 해당 분야의 전문가뿐만 아니라 다양한 사람들의 의견이 더해지고 참여를 이끌어 내어 새로운 방식으로 문제를 해결할 수 있다는 것이다.

이러한 집단 지성을 활용하기 위해 많은 조직이 구성원들의 노하우와 지식을 암묵지에서 형식지화하는 노력을 많이 한다. 대표적인 것이 지식경영Knowledge Management이다. 사내의 베스트프랙티스BP 케이스를 문서화하고 프로세스 등을 매뉴얼화하여 전파하는 경우가 이에 해당된다. 특히 프로세스가 중요한 B2B 영업, 자동차, 보험 영업, 외식업 등 프로세스화하여 성과를 극대화할 수 있는 경우에 이러한 제도나 시스템을 도입하는 기업들이 많다.

앞서 X사가 코로나 시대에 세일즈 효율성을 높이기 위해 영업 데이터를 DB화, 시스템화하는 것 역시 일종의 지식경영KM으로, 집단 지성을 활용하는 것이다. 오하이오 주립대Ohio State University의 레이몬드Raymond 교수의 연구 결과에 따르면 이러한 지식의 공유는 조직의 창의성, 혁신, 성과의 개선에 큰 영향을 끼친다고 한다. 하지만 이러한 긍정적인 면에도 불구하고 조직 구성원들은 자신들의 노하우 공유를 주저하는 것이 사실이다. X사와 같은 영업팀의 경우라면 더욱 그러한 경향이 커진다. [13]

조직 구성원들은 자신들이 외적인 동기부여 요소(보상이나 평가, 승진) 등을 위해서 어쩔 수 없이 데이터를 공개하고 지식을 공유한다고 느끼면, 즉 관리자에 의해 어쩔 수 없이 통제당하고 처벌을 피하기 위해 해야만 하는 요소라고 느낀다면, 이를 주저하고 감추는 경향이 강해지게 되는 것이다. [14]

따라서 조직 구성원들이 강제로 제도를 따르게 하기보다는 지식경영의 가치를 느끼게 하고, 보다 자발적인 참여를 이끄는 것이 중요하다. X사 본부장의 경우도 앞서 언급한 바와 같이 시스템 구축이 가져오는 이점과 당위성을 구성원들에게 설명하고 설득하는 데에 많은 시간을 투자했다. 특히 그들이 관리나 통제를 당하고 있다는 느낌보다는 이를 통해 조직이 건강해지고, 역량이 향상되며, 개인과 조직의 성장을 도모할 수 있다는 점을 느낄 수 있도록 하였다. 이 과정에서 경영진의 지원과 관심은 당연히 지속되어야 한다.

결과만 중시하는 문화? No! 과정도 고려하는 문화? Yes!

지금까지 변화와 소통을 어렵게 만드는 원인과 그 해결방안을 살펴보았다. 그렇다면 여러 해결책 가운데 영업조직에서 정보의 흐름을 투명하게 하고 소통하게 만들려면 무엇이 가장 중요할까? 시작점은 결국 리더, 경영진Top management의 인식이다. 아무리 좋은 제도와 시스템을 도입해도 성과나 결과만을 중요시한다면 핵심인 투명한 정보 공유, 의사소통, 또 영업에 필요한 데이터와 지식이 확보가 될까? 그렇지 않을 것이다. 예를 들어 미주지역의 새로운 딜러를 확보하기 위해서 그동안 참여하지 않았던 지역의 전시회에 마케팅 비용을 투자했다고 치자. 만약 조직문화가 실패에 인색하고 결과만 중시한다면, 해당 지역을 담당하는 영업사원은 비용에 대한 책임이 두려워 전시회 참여를 주저하거나 참여하더라도 결과를 숨기거나 아니면 거짓 정보를 보고할 것이다. 이와 같이 결과만을 우선시하는 조직문화 하에서는 새로운 활동이나 혁신은 물론, 새로운 시도 자체를 주저하게 된다.

마인드 셋 이론으로 유명한 스탠퍼드 대학의 캐럴 드웩Carol Dweck 교수는 "결과가 어떻든 노력에 대해 충분히 칭찬하라"고 강조하였는데 그는 조직에 학습지향성(학습하고자 하는 동기)을 불어넣고 이를 통해 각 개인의 지식을 조직 전체로 확산시켜야 한다고 말했다.

사람들은 업무성과나 결과가 자신의 능력이 드러나는 유일한 지표라고 느낀다면 섣불리 위험을 감수하지 않게 된다. 하지만 결과 그 자체가 아니라 그 과정과 그 과정에서 학습하고 조직에 암묵지와 형식지를 제공하는 것이 조직 내에서 의미있다고 판단되면, 보다 적극적으로 새로운 시도와 혁신을 시도하게 될 것이다. 이는 영업이나 마케팅조직 등 성과와 수치가 중요한 부서에서도 마찬가지다. 결국 성과와 과정에 대한 관점이 변해야 하는 것이다.

그러나 관점의 변화를 위해서는 제법 많은 시간을 들일 수밖에 없다. 결국 변화를 이끌어 내기 위해서는 많은 시간을 투자해야 하는 것이다. 아무리 이러한 문화를 강조하고 구축하더라도 미팅 초반에는 팀장 자신

성과&과정 관점 전환의 중요성

구분	성과 중심 관점	성과&과정 중심 관점
평가에 대한 인식	• 모든 업무는 결과 중심으로 평가되어야 한다.	• 성과에 대해서 솔직해져야 하지만, 과정에서 성장하고 학습하는 것도 의미있는 것이다. (성장도 평가 대상)
목표	• 숫자를 만들어야 한다. • 실패는 용납될 수 없다.	• 실패할 수도 있다. • '어떻게 도전하고 과정이 의미있 었는가'도 대단히 중요하다.
우수한 인재에 대한 관점	• 어떤 경우에도 결과를 만들어내는 직원, 공유와 확산은 중요치 않음	• 성과를 향한 강한 목표의식을 가지고 있되, 진행 과정에서의 학습을 중요시하고, 습득한 노하우를 적극적으로 공유하고 지식을 재생산하는 인재

최종 결과	• 구성원들이 결과에 집착하며, 공유보다는 과정을 숨기고, 실패를 두려워 함	• 적극적으로 과정을 공유하고, 솔직한 토론을 통해서 빠른 학습과 지속적인 개선/보완이 이뤄짐

이 대화를 이끌어 가는 경우가 많을 것이다. 하지만 이때 침묵을 그대로 받아들이지 않아야 한다. 조금이라도 자신의 의견을 말하도록 유도해야 하며, 절대 질타나 비난 위주로 회의를 진행해서는 안 된다. 많은 리더들이 이 부분에서 실수를 저지른다. 물론, 잘못된 부분에 대해서는 피드백을 해야 하지만 미팅의 포커스가 처벌에 있어서는 안 된다. 또한 팀 커뮤니케이션 활성화를 위해서 MS 팀즈 등의 업무용 메신저, 게시판 등

도 적극 활용하여 영업조직의 특성을 고려한 커뮤니케이션 방안도 신경 써야 한다. 다행히도 코로나 시대에 가장 발전하고 있는 툴들이 바로 이 커뮤니케이션 툴이다.

숫자와 눈에 보이는 결과를 만들어 내야 하는 리더들의 경우 세일즈, 마케팅 활동의 가시화에 목말라 하는 경우가 많다. 서로 대면할 기회가 적어지는 코로나 시대에서는 더더욱 그러하다. 그래서 세일즈 정보 공유 시스템, 일하는 방식의 변화를 통해서 성과를 촉진시키고자 하는 시도를 많이 한다. 하지만 성공하기가 쉽지만은 않다. 만일 리더들이 단순히 결과에만 초점을 맞추고 여전히 비판, 질책, 수직적 군대문화를 당연히 여긴다면 일하는 방식에서의 성공적인 변화, 집단 사고의 방지, 집단 지성의 구축은 모두 요원한 일이 될 것이다. 우리나라가 코로나 바이러스에 성공적으로 대응할 수 있었던 이유 중 하나도 바로 투명한 정보 공유와 시민사회의 적극적인 참여와 협조였다. 결국 조직의 성향과 문화를 고려한 변화 추진과 함께 리더들의 지속적인 관심과 지원이 필요하며, 동시에 구성원들의 단계적 변화와 협조가 따라야 가능한 일이다.

지금, 세일즈 조직의 회복탄력성을 강화해야 할 때

앞서 소개한 케이스처럼 영업조직의 환경 변화, 일하는 방식의 변화는 조직에 큰 부담으로 다가온다. 경우에 따라서는 영업활동이 위축됨에도 이전과 매출이 차이가 나지 않는 조직도 있고, 또 온라인으로 전환되면서 인력 효율성에 대한 이슈가 제기된 조직도 있다. 이러한 상황들이 영업사원에게는 스트레스와 불안감으로 다가올 수 있다. 하지만 영업의 많은 부분들이 온라인으로 전환되더라도 영업사원의 역할은 반드시 필요하다. B2B에서 최종 의사결정이 내려지기까지는 많은 시간이 소요되는데 이때 각 세일즈 단계별로 영업사원의 각별한 고객관계 관리는 필수적이기 때문이다. B2C의 경우도 대면 영업이 주요 채널인 보험, 제약, 의료장비 영업 등의 분야에서 영업사원의 역할은 여전히 중요하다. 고객과의 접점이 여전히 영업사원이기 때문이다. 설령 온라인으로 고객 정보가 접수되더라도 세일즈를 클로징하는 역할은 영업사원일 확률이 높다.

중요한 것은 영업조직 및 거기에 속한 영업사원이 환경의 변화에 잘 적응하고 조직이 지속적으로 성과를 낼 수 있도록 조직의 회복탄력성을 높이는 노력이다. 그리고 이런 노력의 성패는 대부분 리더들에게 달렸다. 회복탄력성은 다시 튀어 오르거나 원래 상태로 되돌아온다는 의미로, 심리학에서는 '정신적 저항력'을 의미하는 말로 쓰인다. 주로 스트레스나 역경에 대한 정신적인 면역성, 내외적 자원을 효과적으로 활용할 수 있는 능력 혹은 역경을 성숙한 경험으로 바꾸는 능력으로 정의할 수 있다. [15]

즉 회복탄력성은 변화하는 환경에 적응하고 그 환경을 스스로에게 유리한 방향으로 이용하는 총체적 능력을 의미한다. 그동안 우리가 코로나 시대에 필요한 영업사원과 리더의 필요 역량을 살펴보았지만, 실은 포스트 코로나 시대에 가장 필요한 능력이 바로 '회복탄력성'인 것이다.

그런데 많은 사람들이 회복탄력성을 이야기할 때 오해하는 부분이 있다. 바로 낙관적인 사람들이 회복탄력성이 높다는 것이다. 물론 낙관적인 생각은 중요한 요소이다. 하지만 현실을 직시하고 현실감각을 왜곡하지 않는 범위 내에서만 적용될 수 있는 이론이다. 『Good to Great』의 저자 짐콜린스Jim Collins 또한 회복탄력성이 낙관주의와 연관이 있을 거라 생각했지만, 8년간의 베트남 포로생활을 한 짐 스톡데일Jim Stockdale 장군과의 인터뷰를 통해서 이런 생각이 깨졌다고 말했다.

"포로수용소에서 살아남지 못한 사람들은 어떤 사람들이었느냐"는 질문에 짐 스톡데일 장군은 다음과 같이 이야기했다.

"오, 그건 간단해. 바로 낙관론자들이지. 그들은 우리가 성탄절까지는 풀려날 거라고 했어. 하지만 그 시점은 성탄절에서 부활절, 독립기념일, 추수감사절로 차츰 미뤄지더니 급기야 이듬해 성탄절로 연장되고 말았지. 이보게, 나는 그들이 전부 낙심한 나머지 죽었다고 생각하네." [16]

포로생활을 8년이나 하고도 살아남은 짐 스톡데일 장군은 생존에 중요한 냉철한 현실감각을 가지고 있었던 반면, 대단히 낙관적인 생각을 하던 다른 포로들은 현실과의 괴리로 결국 낙심하고 말았던 것이다. 부정적으로 생각하라는 것이 아니라 현실 감각을 유지한 상태로 긍정적인 생각을 해야 한다는 것이다.

그렇다면 조직의 회복탄력성을 높이기 위해서는 어떤 노력을 해야 할까? 우선 짐 스톡데일 장군처럼 현실을 직시해야 한다. 코로나로 처한 우리의 상황 그리고 해결해야 할 이슈들을 유심히 들여다보는 것이 우선일 것이다. 다음으로 필요한 것이 리더가 조직 구성원을 신뢰하고 존중하는 문화다. 팬데믹 상황에서 리더가 단순히 숫자와 결과만으로 커뮤니케이션하고 또 업무의 진행사항만을 관리하는 것은 조직의 회복탄력성을 높이는 데 도움이 되지 않는다. 뉴노멀 시대, 리더에게 필요한 태도와 역량은 긍정적이고 결과 중심의 사고 방식이 아니라, 과정과 시도를 장려하는 태도인 것이다.

『회복탄력성』의 저자인 연세대 김주환 교수에 따르면 회복탄력성이 낮은 사람은 환경의 변화나 실패를 과하게 받아들이는 경향이 있다고 한다. 리더가 조직의 업무 결과에 대해 너무 부정적으로 받아들이거나 코로나 이후의 상황에 대해서 긍정적인 면보다는 부정적인 면을 강조하다 보면 조직 전반에 부정의 문화가 전파되고 이는 결국 조직의 회복탄력성에도 영향을 미칠 것이다. 그러나 지금 겪는 어려움은 특정 영업조직만 겪는 어려움이 아니다. 모두가 어려움을 겪고 있다. 비관적인 시선을 갖기보다는 변화에 대한 긍정적인 면을 보고 어려움을 극복할 수 있다는 자신감을 가져야 할 때다. 물론 앞서 강조한 대로 조직이 처한 현실을 직시한 채로 말이다.

결국 다시 관점의 문제

서양 동화 중에 『핑크대왕 퍼시』라는 이야기가 있다. 퍼시는 핑크색을 광적으로 좋아하여 자신의 옷을 포함해 모두 핑크색의 물건만을 보유하고 있었다. 심지어 매일 먹는 음식도 핑크 일색이었다. 그러나 퍼시는 이것만으로 만족하지 못했다. 성 밖에 핑크가 아닌 다른 색들이 수없이 존재하고 있었기 때문이다. 고민 끝에 핑크대왕 퍼시는 모든 소유물을 핑크로 바꾸게 하는 법을 제정했다. 백성들은 왕의 명령이었기에 어쩔 수 없이 모든 것을 핑크로 바꿔야 했다. 하지만 여전히 퍼시는 만족하지 못했다. 세상엔 아직까지 핑크가 아닌 것들이 많이 존재하기 때문이었다. 그래서 이번에는 나라의 모든 식물, 동물까지 핑크색으로 염색하는 진풍경이 연출되었다. 심지어 동물들은 태어나자마자 핑크색으로 염색되었다. 드디어 세상의 모든 것이 핑크로 변한 것처럼 보였다. 하지만 한 가지 변하지 않은 것이 있었다. 바로 하늘이었다. 제 아무리 무소불위의 왕이라지만 하늘까지 핑크로 바꾸는 것은 불가능한 일이었다. 왕은 자신의 스승에게 방법을 찾아오라고 명령했다. 밤낮으로 고심하던 스승은 묘책을 찾아냈는데, 바로 안경이었다. 스승은 하늘을 핑크로 바꾸어 놓았으니, 준비한 안경을 끼고 하늘을 바라보라고 하였다. 퍼시는 하늘이 핑크로 변한 것을 보고 너무나 만족해했다. [17]

허무맹랑한 동화의 내용이지만 생각해 보면 아주 심오한 내용이다. 우리는 우리가 생각하는 세상에서 살고 있다. 우리가 어떤 안경, 즉 어떤 관점과 프레임으로 세상을 바라보느냐에 따라서 결과는 180도 달라진다.

이 책의 전반에 걸쳐 우리는 코로나 시대의 관점 전환, 리더의 생각과 관점, 프레임에 대해서 이야기했다. 비즈니스의 피버팅도 결국 관점의 전환이며, 조직을 바라보는 여러가지 시선도 관점이다. X이론과 Y이론,

열린 학습과 닫힌 학습, 집단 사고와 집단 지성, 고정 마인드 셋과 성장 마인드 셋, 결과중심 사고와 과정중심 사고 등 모두가 결국 리더가 조직을 어떻게 바라보고 이끌어 가는가에 달려 있는 것이다.

변화는 항상 어색하고 불편하다. 특히 기존에 익숙한 방식을 바꾸는 것은 많은 고통이 따른다. 오프라인 중심, 네트워크 중심의 세일즈 관행을 갑자기 바꿔야 하는 많은 세일즈 조직과 그 소속 영업 직원들에게 이런 변화가 달가울 리 없다. 하지만 포스트 코로나 시대에서는 온라인 미팅과 웨비나로의 제품 시연이 더 많아질 것이고 온라인 비대면 영업이 점차 자연스러운 일이 될 것이다. 결국 이런 변화의 소용돌이에서 누가 먼저 새로운 룰에 적응하고 그 안에서 경쟁력을 만들어 낼 수 있는지가 앞으로 기업의 성패를 좌우하는 중요한 척도가 될 것이다. 그런 의미에서 코로나19는 기존 세일즈 조직들에게 새로운 도전과제를 던져 주고 있다.

코로나가 발병한 지도 벌써 1년이라는 세월이 훌쩍 지났다. 마스크를 쓰고 생활하는 게 어색했던 일상이 이제는 마스크 없이는 살 수 없는 환경이 되었다. 또 오프라인으로 이뤄지던 교육, 행사, 미팅은 자연스럽게 온라인 공간에서 진행되고 있고 그 환경에 익숙해졌다. 변화에 적응하는 게 인간이라고 하지만 이제 이 상황이 너무 당연스러워 무섭기도 하다. 다행히 속도는 더디지만 백신이 보급되면서 이제는 코로나의 종식에 대한 기대감도 높아지고 있다. 하지만 코로나의 종식을 두고도 설왕설래 말이 많다. 혹자는 코로나가 곧 끝날 것이며 집단 면역이 생기면 당연하게 예전 일상으로 돌아갈 것이라고 말하고, 혹자는 절대 과거로 완벽하게 돌아갈 수는 없을 것이라 이야기한다.

이 글을 읽은 독자들은 어떻게 생각하는가?

필자들은 단언컨대 완벽하게 코로나 이전과 동일한 세계로 돌아가지는 못할 것이라 생각한다. 우리들이 고민해야 할 문제는 '언제쯤 코로나 이전으로 돌아갈 것인가'가 아니라 '뉴노멀 시대에 어떻게 적응하고 변화하느냐'가 되어야 할 것이다. 솔직히 고백하자면, 필자들도 코로나19 발병 초기에는 '이거 얼마 가겠어?'라는 생각을 했던 것이 사실이다(당시 필자들은 중남미, 아프리카 그리고 유라시아 지역의 해외 대리점, 법인 대상 컨설팅을 진행 중이었다). 하지만 이런 예상은 보기 좋게 빗나가고 말았다. 다행인 점은(?) 필자들도 빠르게 변화에 적응해 나갔다는 점이다. 출장 가서 해결하던 일들을 온라인 미팅과 콘퍼런스로 바꾸고, 현장에서 오프라인으로 진행하던 교육 역시 그 방법과 내용에 많은 변화를 꾀하면서 코로나 시대에 적응해 나갔다. 그리고 코로나19로 인해 많은 고객사들이 직면한 이슈나 문제를 함께 해결하는 과정에서 다양한 노하우와 고민들을 접할 수 있었는데, 같은 상황에 처한 이들을 위해 '이런 노하우와 고민사항을 공유하면 어떨까'라는 생각에 집필을 시작하게 된 것이다.

우리가 이 책을 통해서 살펴봤듯이 변화에 빠르게 대응한 기업들은 원격근무, 고객의 온라인 구매·서비스 지원, 첨단 운영 기술 도입, 공급망 조정, 클라우드 전환 등 코로나19 대응을 위한 빠른 변화와 공격적인 혁신을 추구하였다. 그 결과, 변화를 시도하고 변화의 속도가 빠른 기업들의 성과는 그렇지 못한 기업들 대비 3배의 성장, 2.5배의 재무 성과, 4.8배의 혁신을 달성하는 등 다양한 성공사례를 만들어내고 있다. 1

이 글을 읽고 있는 독자 여러분은 어떤 변화를 겪고 있고, 또 어떻게 대응하고 있는가? 혹시 이전과 동일한 상황이 올 것이라는 낙관적인 희망을 가지고 있지는 않은가? 하지만 안타깝게도 설령 이전과 같은 일상이 돌아오더라도 우리의 일하는 방식이 이전과 100% 같지는 않을 것이다. 특히나 세일즈 조직은 더욱 많은 변화와 챌린지를 경험하게 될 것이다.

2020년 한 해 많은 세일즈 활동이 오프라인에서 온라인으로 변화하였고, 줌, 팀즈와 같은 화상회의 툴을 활용한 다양한 형태로 전환되었다. 심지어 대규모 전시회나 콘퍼런스도 온라인 플랫폼이나 라이브 콘퍼런스 형태로 진행되었다. 이렇게 지난 한해 다양한 형태의 영업활동을 진행한 영업팀, 그리고 사업부 리더들의 고민은 지금부터가 시작이다. 이미 온라인으로 영업활동의 일부를 대체할 수 있다는 것을 학습했기 때문에 앞으로는 계획을 수립할 때 온라인과 오프라인 영업활동 중 어떠한 방식이 더 적합한지, 온라인 활동이 적합하다면 어떤 콘텐츠와 방법으로 고객과 커뮤니케이션 할지 등 보다 심도 있는 고민이 필요하기 때문이다. 즉 영업의 형태, 이슈에 따라 어느 한 형태를 고집하기보다는 상황에 따라 유연성을 가지고 온라인 혹은 오프라인 아니면 하이브리드 형태의 접근을 고려해야 한다. 뿐만 아니라 우리가 이 책을 통해서 전반적으로 살펴본 바와 같이 세일즈 조직의 일하는 방식, 조직의 운영, 성과관리, 코칭과 피드백, 변화관리 등 다양한 영역에서 리더들도 변화하고 또 상황에 맞는 역량을 발전시켜야 하는 상황이다.

앞으로 세상이 어떻게 변화하게 될지 아무도 모른다. 오히려 불확실성이 가속화되고 변화의 속도가 더 빨라질지도 모른다. 그리고 이러한 불확실성 때문에 미래가 더 불안하고 걱정되는 것도 당연한 이치다. 하지만 불확실성이 꼭 나쁜 것만은 아니다. 혁신적 방법론에 관한 전문가인 나단 퍼Nathan Furr와 제프 다이어Jeff Dyer는 다음과 같이 이야기하고 있다.

"혁신은 불확실성uncertainty에 관한 것이고 표준적이지 않은 과정에 관한 것이다." [2,3]

결국 변화를 통한 혁신과 불확실성은 강한 상관관계를 가지고 있다. 불확실성이 있기에 우리는 지속적으로 혁신하고 발전해 나갈 수 있는 것이다. 불확실성에 맞서서 기존에 없던 혹은 새로운 방법으로 이에 맞서는 것이 곧 혁신이자 변화에 대응하는 법이기 때문이다.

필자들은 이 책 전반에 걸쳐 변화의 시기에 가져야 할 관점, 세계관에 대해서 이야기하고 있다. 변화를 당할지 아니면 변화를 주도할지를 결정하는 것은 실은 우리에게 달린 일이다. 많은 사람들이 건강검진을 받고 나면 운동을 결심한다. 필자들을 포함하여 많은 직장인들이 의사들로부터 다이어트와 운동을 권고받기 때문이다. 하지만 재미있는 것은 이렇게 권고받아서 다이어트를 하면 힘들고 괴롭다. 평소에 생각이 잘 나지 않던 소주와 삼겹살, 치킨과 맥주가 왜 그렇게 먹고 싶은지 모른다. 그런데 내가 스스로 웨이트 트레이닝으로 몸을 가꿔야겠다고 마음먹으면 누가 시켰을 때보다는 더 열정적으로 운동을 하고 몸매를 가꾸게 된다. '누가 시켜서 강제로 하느냐' 혹은 '내가 주도적으로 하느냐'의 차이인 것이다. 변화도 역시 마찬가지다. 전자보다 후자의 경우일 때 변화의 선두주자가 되어 더욱 열정을 쏟을 수 있다.

문제는 변화를 받아들이는 우리에게 있다. 세일즈 뉴노멀 시대에 변화를 향한 여정은 결코 쉽지만은 않을 것이다. 그리고 단순히 남이 하는 것을 따라하는 수준으로는 성공하기 어려울 것이다. 우리에게 맞는 방법은 무엇이고 이를 어떻게 발전시켜 나가야 할지 더욱 치열한 고민이 필요한 때이다. 세일즈 뉴노멀 시대에 누군가 시켜서 강제적으로 변화하는 것이 아니라, 주도적으로 변화하고 성공경험을 만들어가는 독자들이 되길 희망해 본다.

프롤로그

1. http://www.asiae.co.kr/news/view.htm?idxno=2017051910292542264
2. 이장주, 진정성 있는 세계관으로 메타버스 세대 공략, DBR 2021 3월 Issue 2
3. https://www.sciencetimes.co.kr/news/코로나19로-인해-일상이-바뀌다/
4. https://www.the-stock.kr/news/articleView.html?idxno=13479

1장

1. 로날트 D. 게르슈테, 강희진 옮김, 『질병이 바꾼 세계의 역사』, 미래의 창(2020), 33페이지
2. 남대일, 전략적 변곡점, LG경제연구소(2003)
3. 한국농수산식품유통공사(aT)의 가공식품 세분시장 현황 보고서(2020)
4. 한국일보, 코로나19 시대의 생존전략, '피버팅하라'
   https://www.hankookilbo.com/News/Read/A2020112713140002142
5. 내셔널지오그래픽, 브레인게임5, https://www.youtube.com/watch?v=OsiSBYCC53E
6. Pashler(1988), Familiarity and visual change detection, Perception & Psychophysics, 44 (4), 369-378
7. MacKay(2003), Inattentional blindness: Looking without seeing, Current Directions in Psychological Science, 180-184
8. 기획재정부(2020), https://biz.chosun.com/site/data/html_dir/2020/12/01/2020120102552. html
9. https://ko.tradingeconomics.com/
10. https://www.beveragedaily.com/Article/2020/05/04/PepsiCo-Tailoring-innovation-around-coronavirus
11. https://www.audi.de/de/brand/de/live-demo.html

2장

1. 장효상, 민승기, 짧은 시간에 더 명확하게 정보전달, 영업 직원의 디지털 무장 더 중요해져 (DBR 2020 6월 issue 2)

2. McKinsey&Company, The B2B digital inflection point: How sales have changed during 코로나 19, April 30, 2020

3. https://www.business2community.com/infographics/b2b-sales-impact-of-coronavirus-infographic-02304040

4. Jason Jordan, Robert Kelly, Companies with a Formal Sales Process Generate More Revenue, HBR January 21, 2015

5. Jason Jordan, Robert Kelly, Companies with a Formal Sales Process Generate More Revenue, HBR January 21, 2015

6. https://www.mk.co.kr/news/it/view/2020/08/849956/

3장

1. 장효상, 민승기, 자율성과 권한위임으로 성과지표를 '피버팅'하라. DBR 2020 11월 issue 2

2. Steven Kerr, On the Folly of Rewarding A, While Hoping for B, Ohio State University, 1975

3. 제리 멀러 저/김윤경 역, 『성과지표의 배신』, 궁리출판(2020)

4. Campbell, Donald T (1979). "Assessing the impact of planned social change". Evaluation and Program Planning. 2 (1): 67-90.

5. Peter Cappelli and Anna Tavis, The Performance Management Revolution, HBR October 2016

6. https://www.forbes.com/sites/davidburkus/2016/06/01/how-adobe-scrapped-its-performance-review-system-and-why-it-worked/#3299dd0955e8

7. Douglas McGregor's Theory X and Theory Y (1960, MIT Sloan School of Management)

8. 폴잭, 이주영 역, 『트러스트 팩터』, 매일경제신문사(2018), 78p

9. Mary S. Logan and Daniel C. Ganster, "The Effects of Empowerment on Attitudes and Performance: The Role of Social Support and Empowerment Beliefs," Journal of Management Studies 44, no. 8 (2007): 1523-1550.

10. Linda A. Hill, Greg Brandeau, Emily Truelove, and Kent Lineback, Collective Genius:

The Art and Practice of Leading Innovation (Cambridge: Harvard Business Review Press, 2014).

11. Deci, Edward. (1971). The Effects of Externally Mediated Rewards on Intrinsic Motivation. Journal of Personality and Social Psychology. 18. 105-115.

12. Deci, Edward L.; Ryan, Richard M. (1985). Intrinsic Motivation and Self-Determination in Human Behavior

13. http://performance-appraisals.org/faq/rankyank.htm

14. 대니얼 카너먼 지음, 이창신 옮김, 『생각에 관한 생각』, 김영사(2018), 621페이지

15. https://www.vuca-world.org

16. 더글라스 무크 지음, 진성록 옮김, 『당신의 고정관념을 깨뜨릴 심리실험 45가지』, 부글북스(2007), 156-157페이지

4장

1. http://news.kmib.co.kr/article/view.asp?arcid=0924157411&code=11151400 국민일보, 2020-09-26, 나도 모르는 내 취향까지 읽는다… 초개인화, 끝 어딘가

2. 캐럴 드웩 지음, 김준수 옮김, 『마인드셋』, 스몰빅라이프(2017)

3. 천서우룽 편저, 홍민경 옮김, 『사장을 위한 심리학』, 센시오(2019), 144-145p

4. Jon Younger, How Learning and Development Are Becoming More Agile, HBR, October 11, 2016, HRD 부서의 애자일하게 일하는 방식의 3가지 핵심요소를 코로나 시대의 영업 조직에 맞게 재해석하였음

5. If Pandemic Productivity Is Up, Why Is Innovation Slowing Down?, Knowledge @ Wharton, Prof. Michael Parke, Nov 10, 2020

6. Pullan, Penny, 『Virtual Leadership』, Kogan Page. Kindle Edition, 35-36 page.

7. Amy C. Edmondson, Gene Daley, How to Foster Psychological Safety in Virtual Meetings, HBR, August 25, 2020

8. 롤프 도벨리 지음, 두행숙 옮김, 『스마트한 생각들』, 걷는 나무(2012), 58-60 페이지

9. Bar-Eli, M., Azar, O. H., Ritov, I., Keidar-Levin, Y., & Schein, G. (2007). Action bias among elite soccer goalkeepers: The case of penalty kicks. Journal of Economic Psychology, 28(5), 606-621.

10. Tom DeMarco, 류한석/이별철/황재선 옮김, 『슬랙(Slack)』, 인사이트(2010)

11. 장재웅,상효이재 지음, 『네이키드 애자일』, 미래의 창(2019), 138페이지

12. McChrystal, Team of Teams: New Rules of Engagement for a complex World, 216~217 page

13. 마커스 버킹엄, 애슐리 구달 지음, 이영래 옮김, 『일에 관한 9가지 거짓말』, 쌤앤 파커스 (2019)

14. 캐릭드웰 지음, 김준수 옮김, 『마인드셋』, 스몰빅라이프(2017)

5장

1. 질리언 테트 지음, 신예경 옮김, 『사일로 이펙트, 무엇이 우리를 눈 멀게 하는가』, 어크로스 (2016), 92-97페이지

2. 김현기, 전략을 실패로 이끄는 5가지 함정, LG 경제연구원, 2014. 9. 15

3. Robert S. Kaplan, David P. Norton, Mastering the Management System, HBR January 2008

4. Barry M. Staw, The Escalation of Commitment to a Course of Action, The Academy of Management Review, Vol. 6, No. 4 (Oct., 1981), pp. 577-587

5. Roger L. Martin, The Execution Trap, Harvard Business Review, 2010 July-August

6. Donald N. Sull, Closing the gap between strategy and execution, MIT Sloan Management Review, 2007

7. Gary L. Neilson, Karla L. Martin, and Elizabeth Powers, The Secrets to Successful Strategy Execution, Harvard Business Review, 2008 June

8. https://terms.naver.com/entry.nhn?docId=1221311&cid=40942&categoryId=32837, 네이버 지식백과

9. 김민주, 『시장의 흐름이 보이는 경제 법칙 101』, 위즈덤 하우스(2011)

10. 장재웅, 상효이재, 『네이키드 애자일』, 미래의 창(2019), 176~183페이지

11. 에릭 리스 지음, 이창수, 송우일 옮김, 『린 스타트업』, 인사이트 6 page, 2012

12. Lewrick, Michael; Link, Patrick; Leifer, Larry. 『The Design Thinking Playbook』. Wiley. 2018.

13. 헨릭 크니버그, 마티아스 스카린 지음, 심우곤, 인범진 옮김, 『칸반과 스크럼』, 인사이트 28 page, 2013

14. Metcalfe, Gary. 『Kanban: Visualize work and maximize efficiency- Your guide to the

basics』, 2018

15. https://www.lucidchart.com/blog/what-is-extreme-programming

16. Millstein, Frank. DevOps: 2-Book Bundle - DevOps Handbook AND DevOps Adoption,2018

17. Kevan Hall, Making the Matrix Work: How Matrix Managers Engage People and Cut Through Complexity, Hodder & Stoughton, 2013

18. "Manifesto for Agile Software Development", Agile Manifesto, accessed September 10, 2017, http://Agilemanifesto.org/

19. Thoren. Pia-Maria, 『Agile People』 Lioncrest Publishing, 42 page

20. https://www.hankyung.com/economy/article/202101309444i

21. 임홍택, 『90년대생이 온다』, 웨일북(2018), 115 페이지

6장

1. 원지현 , 조직의 변화, 구성원의 구체적 행동 변화에서부터, LG경제연구원, 2014-11-09

2. Brehm, J. W. (1966). A theory of psychological reactance. Academic Press.

3. jonahberger.com/videos, 조나 버거 지음, 김원호 옮김, 『캐털리스트』, 문학동네(2020)

4. Colin M. Fisher, Teresa M. Amabile, and Julianna Pillemer, How to Help (Without Micromanaging), HBR January-February 2021

5. https://ioadvisory.com/being-ourselves-vs-covering-at-work/

6. 우리는 왜 대학에 가는가 5부, EBS, 2014, https://www.youtube.com/watch?v=fem5SG5YjaY

7. 에이미 에드먼슨, 최윤영 옮김, 『두려움 없는 조직』, 다산북스(2019)

8. https://cultureplusconsulting.com/2018/03/10/how-to-develop-psychological-safety/

9. https://www.nytimes.com/2020/03/23/world/asia/coronavirus-south-korea-flatten-curve.html

10. 에이미 에드먼슨, 최윤영 옮김, 『두려움 없는 조직』, 다산 북스(2019), 138 page

11. Paul't Hart, "Irving L. Janis' Victims of Groupthink," Political Psychology, vol. 12, no. 2, 1991, pp. 247-278.

12. 롤프 도벨리 지음, 두행숙 옮김, 『스마트한 생각들』, 걷는 나무(2012), 149-150 page

13. Wang, S., & Noe, R. A. (2010). Knowledge sharing: A review and directions for future

research. Human Resource Management Review, 20(2), 115-131.

14. Marylène Gagné, Amy Wei Tian, Christine Soo, Bo Zhang, Khee Seng Benjamin Ho and Katrina Hosszu, Why Employees Don't Share Knowledge with Each Other, HBR July 19, 2019

15. 김주환, 『회복탄력성』, 위즈덤하우스(2019)

16. 다이앤 L. 쿠투 외 지음, 김수미 옮김, 『회복탄력성』, 21세기북스(2017), 15~16페이지

17. 최인철, 『프레임 , 나를 바꾸는 심리학의 지혜 』, 21세기북스(2021), 25페이지

에필로그

1. https://www.mk.co.kr/opinion/contributors/view/2020/10/1113270/

2. Jeff Dyer, Nathan Furr, and Curtis Lefrandt, The Industries Plagued by the Most Uncertainty, HBR September 11, 2014

3. 서울혁신파크 블로그 중에서, 김병권 소장, 불확실한 세상, 바로 그곳에서 혁신은 시작된다.